한자를 알면 어휘가 보인다

김정희 외 4인의

한시 24수

한자 따라 쓰기

김정희 / 이황 / 정약용 / 김시습 / 한용운

편집부 기획

도서
출판 큰
그림

한자를 알면 어휘가 보인다

김정희 외 4인의

한시 24수

한 자 따 라 쓰 기

초판 발행 · 2022년 9월 1일

지은이 김정희 · 이황 · 정약용 · 김시습 · 한용운
기 획 큰그림 편집부
펴낸이 이강실
펴낸곳 도서출판 큰그림
등 록 제2018-000090호
주 소 서울시 마포구 양화로 133 서교타워 1703호
전 화 02-849-5069
팩 스 02-6004-5970
이메일 big_picture_41@naver.com

디자인 예다움 | **교정 교열** 김선미 | **인쇄와 제본** 미래피앤피

가격 8,500원
ISBN 979-11-90976-17-6 03710

머리말

'한시'란 한문로 이루어진 정형시로, 고대 중국에서 이루어진 양식을 말합니다. 평측(한문의 시·부 따위에서 음운의 높낮이를 이르는 말)과 각운(시가에서, 구나 행의 끝에 규칙적으로 다는 같은 운의 글자)에 엄격하며, 한 구(句)는 네 자(사언), 다섯 자(오언), 일곱 자(칠언)로 이루어지고, 고시·절구(네 구)·율시(여덟 구)·배율 따위가 있습니다. 한시는 오랜 역사성을 갖고 있고, 짧은 시형 속에 시인이 표현하고자 하는 의미가 있습니다. 그 속에는 시인의 삶과 시대적 상황을 내포하고 있어 그의 삶을 짐작할 수 있고, 대부분 시 후반부에 주제가 담겨 있습니다.

이 책에서는 추사 김정희, 퇴계 이황, 다산 정약용, 매월당 김시습, 만해 한용운 선생의 많은 한시 중 24수를 골라 실었습니다.

한자를 한 자씩 연습하면서 시구를 따라 읽어 보세요. 지금의 유명한 시들과 비교해도 손색이 없을 정도로 훌륭하고 천재적인 문학(文學)임을 인정하게 될 것입니다. 그리고 붓 펜(붓 펜 준비가 어려우면 굵은 펜이나 연필도 좋아요.)으로 멋스럽게 쓸 수 있는 면에서는 멋진 붓글씨로 작품을 따라 쓰면서 시 해석을 마음에 담아 보세요. 시 한 수 한 수에서 마음의 위로와 삶의 철학을 얻게 될 것입니다.

큰그림 편집부

차례

이책보는법

추사 김정희 외 4인이 쓴
한시 24수가 수록되어
있습니다.

한시의 제목부터
한자로 된 본문을
한글로 해석해
이해하기 쉽게
풀이했습니다.

한시를 한글로
해석한 내용입니다.

한자를 세 번씩
따라 쓰면서 익힙니다.

한자의 음과 뜻

한자의 획순

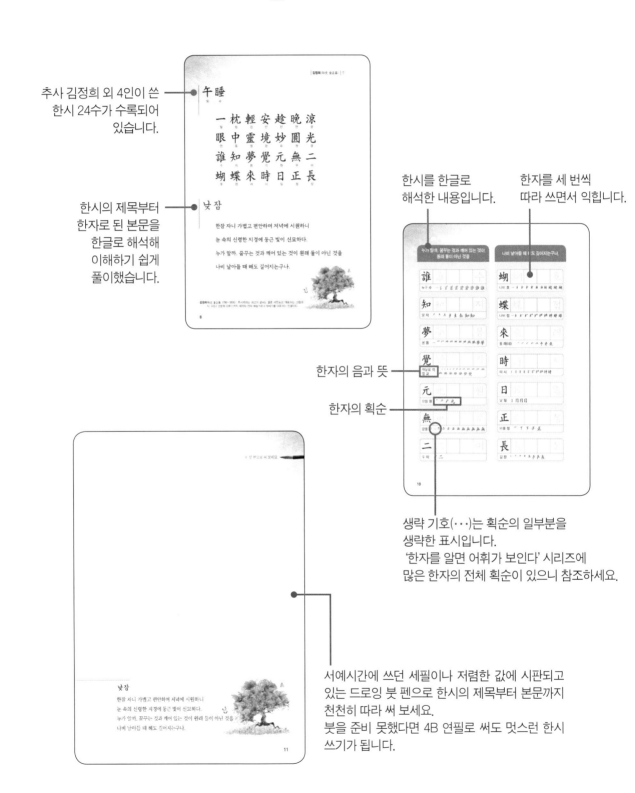

생략 기호(…)는 획순의 일부분을
생략한 표시입니다.
'한자를 알면 어휘가 보인다' 시리즈에
많은 한자의 전체 획순이 있으니 참조하세요.

서예시간에 쓰던 세필이나 저렴한 값에 시판되고
있는 드로잉 붓 펜으로 한시의 제목부터 본문까지
천천히 따라 써 보세요.
붓을 준비 못했다면 4B 연필로 써도 멋스런 한시
쓰기가 됩니다.

漢詩

따라쓰기

午睡
오 수

一 枕 輕 安 趁 晚 涼
일 침 경 안 진 만 량

眼 中 靈 境 妙 圓 光
안 중 영 경 묘 원 광

誰 知 夢 覺 元 無 二
수 지 몽 각 원 무 이

蝴 蝶 來 時 日 正 長
호 접 래 시 일 정 장

낮 잠

한잠 자니 가볍고 편안하며 저녁에 시원하니

눈 속의 신령한 지경에 둥근 빛이 신묘하다.

누가 알까. 꿈꾸는 것과 깨어 있는 것이 원래 둘이 아닌 것을

나비 날아들 때 해도 길어지는구나.

김정희(秋史 金正喜, 1786~1856) : 추사체라는 최고의 글씨는 물론 세한도로 대표되는 그림과 시 그리고 산문에 이르기까지 학자와 천재 예술가로서 19세기를 대표하는 인물이다.

午睡
낮잠

午			오
낮 오　ノ 乊 匕 午			

睡			수
졸음 수 …目 旷 旷 旷 旷 旷　睡 睡 睡			

한잠 자니 가볍고 편안하며 저녁에 시원하니

一			일
한일　一			

枕			침
베개 침　一 十 才 木 木 札 札 枕			

輕			경
가벼울 경 …車 軒 軒 軒 輕 輕 輕 輕			

安			안
편안할 안　丶 丶 宀 宀 安 安			

趁			진
쫓을 진 一 十 土 井 丰 丰 走 起 赴 赵 趁 趁			

晩			만
늦을 만 …日 日′ 旷 旷 晘 晚 晚 晚			

涼			량
서늘할 량(양)　丶 丶 丶 氵 氵 沪 沪 泸 泸 涼 涼			

눈 속의 신령한 지경에 둥근 빛이 신묘하다.

眼			안
눈 안 …目 日′ 目′ 目′ 眼 眼 眼			

中			중
가운데 중　丶 口 口 中			

靈			영
신령 령(영) …霝 霝 霝 霝 霝 霝 霝 霝 雴 霝 霝 霝 霝 靈			

境			경
지경 경 …圵 圵 圵 圹 圹 圻 培 塎 墇 境 境			

妙			묘
묘할 묘　乚 夊 女 如 如 妙 妙			

圓			원
둥글 원 …冂 …門 閂 閜 閜 閜 閜 圓 圓 圓			

光			광
빛 광　丨 丨 丷 ル 屮 光 光			

9

誰 　 　 　 수
누구 수 …言 言 訁 訃 訁 訁 誰 誰 誰

蝴 　 　 　 호
나비 호 …虫 虫 虫 蚝 蚞 蛒 蝴 蝴 蝴

知 　 　 　 지
알 지 ノ ト 丘 矢 知 知 知

蝶 　 　 　 접
나비 접 …虫 虫 虹 蚌 蚞 蝶 蝶 蝶 蝶

夢 　 　 　 몽
꿈 몽 …芔 芍 芍 芍 苜 苜 蓸 蒝 夢 夢

來 　 　 　 래
올 래(내) 一 厂 厂 朿 朿 朿 來 來

覺 　 　 　 각
깨달을 각,
깰 교 ′ ′ ′ ′ ′ ′ 鬥 鬥 鬥 鬥 鬥
與 與 譽 譽 覺 覺 覺

時 　 　 　 시
때 시 丨 冂 日 日 旷 旷 旷 時 時

元 　 　 　 원
으뜸 원 一 二 于 元

日 　 　 　 일
날 일 丨 冂 日 日

無 　 　 　 무
없을 무 …二 二 午 午 無 無 無 無 無 無

正 　 　 　 정
바를 정 一 丁 下 正 正

二 　 　 　 이
두 이 一 二

長 　 　 　 장
길 장 丨 厂 厂 F 툰 튼 長 長

낮잠

한잠 자니 가볍고 편안하며 저녁에 시원하니
눈 속의 신령한 지경에 둥근 빛이 신묘하다.
누가 알까. 꿈꾸는 것과 깨어 있는 것이 원래 둘이 아닌 것을
나비 날아들 때 해도 길어지는구나.

秋庭
추 정

老 人 看 黍 席
노 인 간 서 석
滿 屋 秋 陽 明
만 옥 추 양 명
鷄 逐 草 蟲 去
계 축 초 충 거
菊 花 深 處 鳴
국 화 심 처 명

가을 뜰

노인은 기장 널린 멍석을 보고 있는데

집 안에 가을볕이 가득 차 밝다

닭은 풀벌레를 쫓아다니고

국화 우거진 깊은 곳에서 울어댄다

秋庭
─────
가을 뜰

秋	秋		추

가을 추 … 千 千 千 秒 秋

庭	庭		정

뜰 정 … 广 广 庐 庄 庄 庭 庭

노인은 기장 널린 멍석을 보고 있는데

집 안에 가을볕이 가득 차 밝다

늘을 로(노) 一 十 土 耂 耂 老

사람 인 ノ 人

볼 간 一 二 三 手 矛 看 看 看

기장 서 一 二 千 千 禾 禾 泰 泰 黍 黍 黍

자리 석 ` 亠 广 户 产 产 庐 序 席 席

찰 만 … 氵 沵 沛 沛 泩 满 满 满 满 满

집 옥 フ コ 尸 尸 居 居 屋 屋 屋

가을 추 一 二 千 千 禾 禾 秒 秋

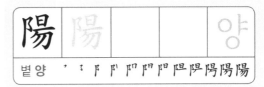

볕 양 ` 了 阝 阝 阝 阽 阻 阻 陽 陽 陽

밝을 명 丨 冂 冃 日 日 明 明 明

닭은 풀벌레를 쫓아다니고

鷄 | 鷄 | | | 계
닭 계
ノ ン グ ゲ ゲ 至 至 委 爽 爽
爽 爽 爽 鷄 鷄 鷄 鷄 鷄 鷄 鷄

逐 | 逐 | | | 축
쫓을 축,
돼지 돈
一 丆 丆 豕 豕 豕 豕 逐
逐 逐

草 | 草 | | | 초
풀 초
一 十 ++ ++ ++ 苎 苔 苩 草 草

蟲 | 蟲 | | | 충
벌레 충
丶 口 口 中 虫 虫 … 蚩 … 蟲

去 | 去 | | | 거
갈 거
一 十 土 去 去

국화 우거진 깊은 곳에서 울어댄다

菊 | 菊 | | | 국
국화 국
… ++ ++ 芍 芍 芍 芍 菊 菊 菊

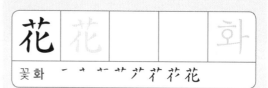

花 | 花 | | | 화
꽃 화
一 十 ++ ++ 芢 花 花

深 | 深 | | | 심
깊을 심
丶 丶 丶 氵 氵 氵 汈 浮 浮 深 深

處 | 處 | | | 처
곳 처
… 广 户 庐 虎 虍 虍 處 處

鳴 | 鳴 | | | 명
울 명
丶 口 口 ロ′ ロ′ 吖 吖 呍 鳴 鳴
鳴 鳴 鳴 鳴

멋글씨로 써 보기

老人看黍席　滿屋秋陽明

鷄逐草蟲去　菊花深處鳴

가을 뜰

노인은 기장 널린 멍석을 보고 있는데
집 안에 가을볕이 가득 차 밝다
닭은 풀벌레를 쫓아다니고
국화 우거진 깊은 곳에서 울어댄다

安市城
안 시 성

群峰束立野鋪張
군 봉 속 립 야 포 장

車鐸連聲度大荒
거 탁 련 성 도 대 황

城上至今唐代月
성 상 지 금 당 대 월

半分虧得照餘光
반 분 휴 득 조 여 광

안시성

뭇 봉우리 곁으로 드넓은 들판 펼쳐졌는데

수레 방울 소리 울리며 거친 벌판 건너가네

성 위에는 지금도 당나라 때 달이 떠서

반쯤 이지러진 달이 남은 빛을 비춘다

※**안시성 싸움** : 645년 당나라가 고구려를 쳐들어왔으나, 고구려는 안시성에서 당을 물리쳤다.

安			안
편안할 안 … 宀 宀 安 安

市			시
저자 시 ` 亠 宀 市 市

城			성
성 성 … 圹 圻 城 城 城

뭇 봉우리 곁으로
드넓은 들판 펼쳐졌는데

群	群		군
무리 군 ㄱ ㄱ ㅋ 尹 尹 君 君 君 君' 群 群 群 群

峰	峰		봉
봉우리 봉 … 山 山' 屵 峄 峄 峰 峰 峰

束	束		속
묶을 속, 약속할 속 一 ㄱ ㅋ ㅋ 申 東 束

立	立		립
설 립(입) ` 亠 亠 立 立

野	野		야
들 야 丶 ㅁ ㅁ 日 旦 甲 里 野' 野 野 野

鋪	鋪		포
펼 포, 가게 포 … 金 金 釘 鈰 鈰 鋪 鋪 鋪

張	張		장
베풀 장 … 弓 引 引 引 引 引 張 張 張

수레 방울 소리 울리며
거친 벌판 건너가네

車	車		거
수레 거, 수레 차 一 匚 冂 冃 百 亘 車

鐸	鐸		탁
방울 탁 … 金 … 鈩 鈩 鈩 鈩 鐸 鐸 鐸 鐸 鐸

連	連		련
잇닿을 련(연) 一 匚 冂 冃 百 亘 車 車 連 連

聲	聲		성
소리 성 … 声 声 声 殸 殸 殸 殸 殸 殸 整 聲

度	度		도
법도 도 ` 亠 广 广 庐 庐 庐 度 度

大	大		대
클 대 一 ナ 大

荒	荒		황
거칠 황 一 十 艹 艹 艹 芒 芒 芒 荒

17

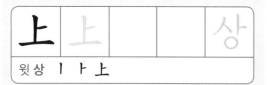

城 城　　　성

성 성 一 十 圵 圵 圿 圿 城 城 城

上 上　　　상

윗 상 丨 卜 上

至 至　　　지

이를 지 一 工 工 互 至 至

今 今　　　금

이제 금 丿 人 今 今

唐 唐　　　당

당나라 당 … 广 庐 庐 庐 庐 唐 唐

代 代　　　대

대신할 대, 시대 대 丿 亻 伐 代 代

月 月　　　월

달 월 丿 刀 月 月

半 半　　　반

반 반 丶 丷 亠 坐 半

分 分　　　분

나눌 분 丿 八 分 分

虧 虧　　　휴

이지러질 휴 丶 卜 亠 广 庐 庐 庐 庐 虏 虏 虖 虖 雇 雇 雇 虧

得 得　　　득

얻을 득 丿 彳 彳 彳 祀 挹 挹 挹 得 得 得

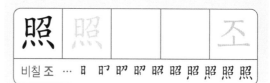

照 照　　　조

비칠 조 … 日 町 昭 昭 昭 照 照 照 照 照

餘 餘　　　여

남을 여 … 食 食 食 食 飵 飵 飵 餘

光 光　　　광

빛 광 丨 丨 半 半 光 光

安市城

群峰羅立野蒼茫

車鐸鏗鏘度大荒

城上至今唐代月

半輪徧照劫餘光

안시성

뭇 봉우리 곁으로 드넓은 들판 펼쳐졌는데
수레 방울 소리 울리며 거친 벌판 건너가네
성 위에는 지금도 당나라 때 달이 떠서
반쯤 이지러진 달이 남은 빛을 비춘다

19

水仙花
수　선　화

<table>
<tr><td>一
일</td><td>點
점</td><td>冬
동</td><td>心
심</td><td>朶
타</td><td>朶
타</td><td>圓
원</td></tr>
<tr><td>品
품</td><td>於
어</td><td>幽
유</td><td>澹
담</td><td>冷
냉</td><td>雋
준</td><td>邊
변</td></tr>
<tr><td>梅
매</td><td>高
고</td><td>猶
유</td><td>未
미</td><td>離
이</td><td>庭
정</td><td>砌
체</td></tr>
<tr><td>清
청</td><td>水
수</td><td>眞
진</td><td>看
간</td><td>解
해</td><td>脫
탈</td><td>仙
선</td></tr>
</table>

수 선 화

한 점 겨울 마음 송이송이 둥글어

그윽하고 담백한 성품은 냉철하고 빼어나다

매화가 고상하다지만 뜨락을 못 벗어나는데

맑은 물에서 해탈한 신선을 정말로 보는구나

水仙花
수선화

水	물수	丿 亅 가 水 水
仙	신선 선	丿 亻 仏 仙 仙
花	꽃 화	… 艹 艹 花 花 花

한 점 겨울 마음 송이송이 둥글어

一	일	한 일 一
點	점	점 점 … 口 曰 甲 里 … 黒 黒 點 點 點 點
冬	동	겨울 동 丿 夂 夂 冬 冬
心	심	마음 심 丶 心 心 心
朶	타	늘어질 타 丿 乃 乃 朶 朶 朶
朶	타	늘어질 타 丿 乃 乃 朶 朶 朶
圓	원	동글 원 … 門 門 同 同 同 圓 圓 圓 圓

그윽하고 담백한 성품은 냉철하고 빼어나다

品	품	물건 품, 됨됨이 품 … 口 口 吕 吕 品 品 品
於	어	어조사 어 丶 亠 亍 方 方 扵 於 於
幽	유	그윽할 유 丨 纟 纟 纟 纟 纟 纟 幽
澹	담	맑을 담 … 泸 泸 泸 泸 澹 澹 澹 澹
冷	냉	찰 랭(냉) 丶 冫 冫 冫 冷 冷 冷
雋	준	영특할 준 丿 亻 … 隹 隹 隹 隹 雋 雋
邊	변	가 변 丶 冖 冖 白 白 白 鼻 鼻 鼻 鼻 臱 臱 臱 臱 邊 邊

21

梅 | | | | 매
매화 매　一十才才术栌栌梅梅梅梅

高 | | | | 고
높을 고　丶亠亠卞它古古高高高高

猶 | | | | 유
오히려 유　丿丬犭犭犷犷犷狞狞
猶猶猶

未 | | | | 미
아닐 미　一二十才未

離 | | | | 리
떠날 리(이)　…离离离离齑离雜離離

庭 | | | | 정
뜰 정　丶亠广广庄庄庄庭庭

砌 | | | | 체
섬돌 체　一丁石石石矿砌砌

清 | | | | 청
맑을 청　丶丶氵汁汁浐淸淸淸淸

水 | | | | 수
물 수　」刀水水

眞 | | | | 진
참 진　一匕匕片片首直眞眞

看 | | | | 간
볼 간　一二三手手看看看

解 | | | | 해
풀 해　丶夕夕夕角角角角解解解解

脫 | | | | 탈
벗을 탈　…月刖刖朌朌脫脫

仙 | | | | 선
신선 선　丿亻仚仙仙

22

수 선 화

한 점 겨울 마음 송이송이 둥글어
그윽하고 담백한 성품은 냉철하고 빼어나다
매화가 고상하다지만 뜨락을 못 벗어나는데
맑은 물에서 해탈한 신선을 정말로 보는구나

謝菊
사 국

暴 富 一 朝 大 歡 喜
폭 부 일 조 대 환 희
發 花 箇 箇 黃 金 毬
발 화 개 개 황 금 구
最 孤 澹 處 穠 華 相
최 고 담 처 농 화 상
不 改 春 心 抗 素 秋
불 개 춘 심 항 소 추

고마운 국화

하루아침 벼락부자 되니 큰 기쁨이라

피어난 국화꽃 송이송이 황금빛 구슬이라

가장 고고하면서 담백한 곳의 찬란한 모양새는

봄마음 고치지 않고 가을 추위를 이긴다

謝菊
고마운 국화

謝			사
사례할 사 …言… 謝 謝 謝 謝			

菊			국
국화 국 … 芍 芍 芍 菊 菊 菊			

하루아침 벼락부자 되니 큰 기쁨이라

暴			폭
사나울 폭, 갑자기 폭 … 异 果 果 暴 暴 暴			

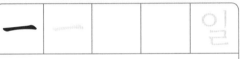

富			부
부유할 부 … 宁 宁 宁 宫 宫 宫 宫 富 富			

一			일
한 일 一			

朝			조
아침 조 …古 甴 古 卓 卓 朝 朝 朝			

大			대
클 대 一 ナ 大			

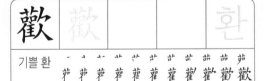

歡			환
기쁠 환 …			

喜			희
기쁠 희 …古 古 吉 吉 吉 喜 喜 喜 喜			

피어난 국화꽃 송이송이 황금빛 구슬이라

發			발
필 발 フ ヌ ヌ ヌ 癶 癶 發 發 發 發 發			

花			화
꽃 화 一 十 十 廿 サ 花 花 花			

箇			개
낱 개 丿 𠂉 𠂉 竹 竹 竹…筒 筒 箇 箇 箇			

箇			개
낱 개 … 竹 𥫗 竹 筒 筒 筒 筒 箇 箇			

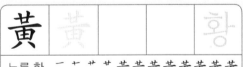

黃			황
누를 황 一 十 艹 サ 芒 芒 苦 苗 莆 黃 黃			

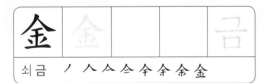

金			금
쇠 금 丿 人 人 今 全 全 金 金			

毬			구
공 구 … 毛 毛 毛 毛 毬 毬 毬 毬			

25

最 가장 최 … 日 旦 旦 早 早 �100 昮 最 最

孤 외로울 고 ｀ 了 子 孑 孑 孤 孤 孤

澹 맑을 담 … 泸 泸 泸 澹 澹 澹 澹 澹

處 곳 처 … 广 庐 虎 虎 虍 處 處 處

穠 꽃나무 무성할 농 … 稝 稝 稝 稝 穠 穠 穠 穠

華 빛날 화 ｀ 十 卄 艹 艹 茾 苹 莖 莑 華

相 서로 상, 모양 상 一 十 才 木 机 相 相 相 相

不 아닐 부, 아닐 불 一 フ 才 不

改 고칠 개 ｀ フ 己 己 妀 改 改

春 봄 춘 一 二 三 丰 夫 夫 春 春 春

心 마음 심 ｀ 心 心 心

抗 겨룰 항 一 十 扌 扌 扩 抗 抗

素 본디 소, 흴 소 … 圭 丰 丰 丰 青 素 素

秋 가을 추 ｀ 二 千 禾 禾 禾 禾 秌 秋

26

고마운 국화

하루아침 벼락부자 되니 큰 기쁨이라
피어난 국화꽃 송이송이 황금빛 구슬이라
가장 고고하면서 담백한 곳의 찬란한 모양새는
봄마음 고치지 않고 가을 추위를 이긴다

梅花詩
매 화 시

一 樹 庭 梅 雪 滿 枝
일 수 정 매 설 만 지

風 塵 湖 海 夢 差 池
풍 진 호 해 몽 차 지

玉 堂 坐 對 春 宵 月
옥 당 좌 대 춘 소 월

鴻 雁 聲 中 有 所 思
홍 안 성 중 유 소 사

매화시

뜰 앞에 매화나무 가지 가득 눈이 쌓였고

바람에 날리는 티끌 같은 세상살이 꿈마저 어지럽네

옥당에 홀로 앉아 봄밤의 달을 보며

기러기 울음 속에도 생각이 애절하구나

이황(退溪 李滉, 1501~1570) : 조선 시대의 유학자. 자는 경호(景浩). 호는 퇴계(退溪)·퇴도(退陶). 벼슬은 예조 판서, 양관 대제학 따위를 지냈다. 정주(程朱)의 성리학 체계를 집대성하여 이기 이원론(理氣二元論), 사칠론(四七論)을 주장하였다.

梅 | 梅 | 매 — 매화 매 … 梅梅梅梅

花 | 花 | 화 — 꽃 화 … 艹 艹 花 花 花

詩 | 詩 | 시 — 시 시 … 詩 詩 詩 詩

뜰 앞에 매화나무 가지 가득 눈이 쌓였고

一 | 一 | | | 일
한일 一

樹 | 樹 | | | 수
나무수 … 桂 桂 桂 桂 桂 樹 樹

庭 | 庭 | | | 정
뜰정 ` 宀 广 庐 庐 庄 庄 庭 庭

梅 | 梅 | | | 매
매화 매 一 十 才 木 杧 朾 朾 梅 梅 梅 梅

雪 | 雪 | | | 설
눈설 … 一 雨 雨 雨 雪 雪 雪 雪

滿 | 滿 | | | 만
찰만 … 洴 洴 滞 滿 滿 滿 滿 滿

枝 | 枝 | | | 지
가지지 一 十 才 木 朾 枋 枝 枝

바람에 날리는 티끌 같은 세상살이 꿈마저 어지럽네

風 | 風 | | | 풍
바람풍) 几 凡 凡 凨 凨 風 風 風

塵 | 塵 | | | 진
티끌진 … 广 庐 庐 庐 鹿 麈 麈 塵

湖 | 湖 | | | 호
호수호 … 氵 沽 沽 湖 湖 湖

海 | 海 | | | 해
바다해 ` ` 氵 氵 汇 海 海 海 海

夢 | 夢 | | | 몽
꿈몽 … 艹 芒 芒 茻 苗 苗 苗 苗 莄 夢 夢 夢

差 | 差 | | | 차
다를차 ` ` ` ` 羊 羊 差 差 差 差

池 | 池 | | | 지
못지 ` ` 氵 汈 池 池

玉 | 玉 | | | 옥

구슬 옥　一　二　干　王　玉

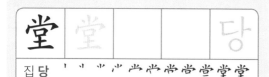

堂 | 堂 | | | 당

집 당　＇　＇　＂　＂　＂　＂　＂　堂　堂　堂

坐 | 坐 | | | 좌

앉을 좌　ノ　人　丬　ルル　丛　坐　坐

對 | 對 | | | 대

대할 대 … ᅭ ᅭ ᅭ ᅭ ᅭ 丵 丵 丵 對 對

春 | 春 | | | 춘

봄 춘　一　二　三　声　夫　未　春　春　春

宵 | 宵 | | | 소

밤 소 … 宀 宀 宋 宋 宵 宵 宵 宵

月 | 月 | | | 월

달 월　ノ　月　月　月

鴻 | 鴻 | | | 홍

기러기 홍 … 氵 氵 洦 鴻 鴻 鴻 鴻 鴻

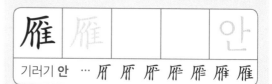

雁 | 雁 | | | 안

기러기 안 … 厒 厒 雁 雁 雁 雁 雁

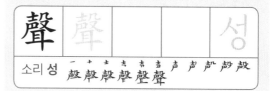

聲 | 聲 | | | 성

소리 성 一 十 土 声 声 吉 声 声 殸 殸 殸 殸 聲 聲 聲 聲 聲

中 | 中 | | | 중

가운데 중　丨　ロ　ロ　中

有 | 有 | | | 유

있을 유　一　ナ　オ　有　有　有

所 | 所 | | | 소

바 소　ノ　ニ　彡　戶　戶　所　所　所

思 | 思 | | | 사

생각할 사　丨　ロ　ロ　田　田　田　思　思　思

매 화 시

뜰 앞에 매화나무 가지 가득 눈이 쌓였고
바람에 날리는 티끌 같은 세상살이 꿈마저 어지럽네
옥당에 홀로 앉아 봄밤의 달을 보며
기러기 울음 속에도 생각이 애절하구나

陶山月夜詠梅[1]
도 산 월 야 영 매

獨	倚	山	窓	夜	色	寒
독	의	산	창	야	색	한
梅	梢	月	上	正	團	團
매	초	월	상	정	단	단
不	須	更	喚	微	風	至
불	수	갱	환	미	풍	지
自	有	淸	香	滿	院	間
자	유	청	향	만	원	간

도산의 달밤에 매화를 읊다[1]

홀로 산창에 기대니 밤기운 차갑고

매화나무 가지 끝에 달 떠올라 둥그네

애써 산들바람 다시 불러오지 않아도

저절로 맑은 향 집안 뜰에 가득하다네

陶	山	月	夜	詠	梅
질그릇 도	메 산	달 월	밤 야	읊을 영	매화 매

도산의 달밤에 매화를 읊다[1]

홀로 산창에 기대니 밤기운 차갑고

獨	獨				독

홀로 독 … 獨 獨 獨 獨 獨 獨 獨 獨 獨

倚	倚				의

의지할 의 ノ イ 仁 伫 仕 侉 佉 倚 倚 倚

山	山				산

메 산 丨 山 山

窓	窓				창

창 창 丶 丷 宀 宊 宊 空 空 空 窓 窓

夜	夜				야

밤 야 丶 亠 广 广 产 夜 夜 夜

色	色				색

빛 색 ノ ク �4 各 各 色

寒	寒				한

찰 한 丶 宀 宀 宀 宀 寉 宔 寒 寒 寒

매화나무 가지 끝에 달 떠올라 둥그네

梅	梅				매

매화 매 一 十 オ 木 杧 栌 栌 梅 梅 梅 梅

梢	梢				초

나뭇가지끝초 … 木 木 杧 栏 栌 栌 梢 梢

月	月				월

달 월 ノ 刀 月 月

上	上				상

윗 상 丨 上 上

正	正				정

바를정 一 丁 下 丆 正

團	團				단

둥글 단 丨 冂 冂 冂 同 同 同 圃 圃 圃 團 團 團 團

團	團				단

둥글 단 … 同 冋 團 團 團 團 團 團 團

33

不 | 不 | | | 불
아닐 부, 아닐 불　一 ァ ア 不

自 | 自 | | | 자
스스로 자　′ ′ 自 自 自 自

須 | 須 | | | 수
모름지기 수　… 彡 彡 彡 彡 須 須 須 須 須 須

有 | 有 | | | 유
있을 유　一 ナ ナ 冇 冇 有 有

更 | 更 | | | 갱
고칠 경, 다시 갱　一 ㇒ 冂 冂 甶 甶 更

清 | 清 | | | 청
맑을 청　丶 丶 氵 氵 汢 浐 清 清 清 清

喚 | 喚 | | | 환
부를 환　… 㕥 㕥 㕥 㕥 㕥 喚 喚

香 | 香 | | | 향
향기 향　一 二 千 禾 禾 禾 香 香 香

微 | 微 | | | 미
작을 미　… 彳 彳 彳 微 微 微 微 微

滿 | 滿 | | | 만
찰 만　… 汫 汫 洪 滿 滿 滿 滿 滿

風 | 風 | | | 풍
바람 풍　丿 几 几 凡 凤 凤 風 風 風

院 | 院 | | | 원
집 원　フ ア ト ト ト 阾 阾 阾 陀 院

至 | 至 | | | 지
이를 지　一 云 互 至 至 至

間 | 間 | | | 간
사이 간　丨 冂 冂 冂 冂 門 門 門 門 門 間 間 間

34

도산의 달밤에 매화를 읊다[1]

홀로 산창에 기대니 밤기운 차갑고
매화나무 가지 끝에 달 떠올라 둥그네
애써 산들바람 다시 불러오지 않아도
저절로 맑은 향 집안 뜰에 가득하다네

陶山月夜詠梅²
도 산 월 야 영 매

步躄中庭月趁人
보 섭 중 정 월 진 인

梅邊行繞幾回巡
매 변 행 요 기 회 순

夜深坐久渾忘起
야 심 좌 구 혼 망 기

香滿衣布影滿身
향 만 의 포 영 만 신

도산의 달밤에 매화를 읊다²

뜰 안을 거니니 달이 사람을 따라오네

매화 언저리를 몇 번이나 거닐며 돌았던가

밤 깊도록 오래 앉아 일어서길 잊었더니

향은 옷에 가득 스미고 그림자는 몸에 흠뻑

陶　山　月　夜　詠　梅
질그릇 도　메 산　달 월　밤 야　읊을 영　매화 매

도산의 달밤에 매화를 읊다[2]

뜰 안을 거니니 달이 사람을 따라오네	매화 언저리를 몇 번이나 거닐며 돌았던가

步 步 　　　 보
걸음 보　丨 丨 丬 步 步 步 步

蹋 蹋 　　　 섭
밟을 섭　… 蹋 蹋 蹋 蹋 蹋 蹋 蹋

中 中 　　　 중
가운데 중　丨 冂 口 中

庭 庭 　　　 정
뜰 정　丶 亠 广 广 庐 庐 庭 庭 庭 庭

月 月 　　　 월
달 월　丿 刀 月 月

趁 趁 　　　 진
쫓을 진　… 土 耂 耂 赴 走 赶 赵 趁 趁 趁

人 人 　　　 인
사람 인　丿 人

梅 梅 　　　 매
매화 매　一 十 才 オ 柿 柿 柿 梅 梅 梅 梅

邊 邊 　　　 변
가 변　… 自 … 臮 臱 臱 臱 臱 邊 邊

行 行 　　　 행
다닐 행　丿 彳 彳 彳 行 行 行

繞 繞 　　　 요
두를 요　… 纟 … 紵 絓 繞 繞 繞 繞 繞

幾 幾 　　　 기
몇 기　… 幺 幺 幺 幺 幺 幾 幾 幾 幾 幾

回 回 　　　 회
돌아올 회　丨 冂 冂 同 同 回

巡 巡 　　　 순
돌 순　丶 巛 巛 巛 巛 巡 巡 巡

37

夜　밤야　`　亠　广　疒　夜　夜　夜 | 야

深　깊을심　`　`　氵　氵　氵　沪　沪　涇　涇　深　深 | 심

坐　앉을좌　／　人　火　사　사　사　坐　坐 | 좌

久　오랠구　／　夕　久 | 구

渾　흐릴혼　`　氵　氵　汀　汀　渭　渭　渭　渾　渾 | 혼

忘　잊을망　`　亠　亡　亡　忘　忘　忘 | 망

起　일어날기　一　十　土　キ　丰　走　走　起　起　起 | 기

香　향기향　／　二　千　千　禾　禾　香　香　香 | 향

滿　찰만　…　洪　洪　浩　滿　滿　滿　滿　滿 | 만

衣　옷의　`　亠　ナ　ヤ　衣　衣 | 의

布　베포,펼포　／　ナ　オ　右　布 | 포

影　그림자영　…　景　景　景　景　影　影　影 | 영

滿　찰만　…　洪　洪　浩　滿　滿　滿　滿　滿 | 만

身　몸신　／　〔　竹　甪　甪　身　身 | 신

38

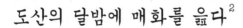

도산의 달밤에 매화를 읊다[2]

뜰 안을 거니니 달이 사람을 따라오네
매화 언저리를 몇 번이나 거닐며 돌았던가
밤 깊도록 오래 앉아 일어서길 잊었더니
향은 옷에 가득 스미고 그림자는 몸에 흠뻑

陶山月夜詠梅[3]
도 산 월 야 영 매

晩 發 梅 兄 更 識 眞
만 발 매 형 갱 식 진

故 應 知 我 怯 寒 辰
고 응 지 아 겁 한 진

可 憐 此 夜 宜 蘇 病
가 련 차 야 의 소 병

能 作 終 宵 對 月 人
능 작 종 소 대 월 인

도산의 달밤에 매화를 읊다[3]

늦게 피는 매화꽃의 참뜻을 새삼 알겠거니

추위를 겁내는 나를 익히 알기에

가엾고 불쌍하다 이 밤에 내 병이 낫는다면

밤새도록 달과 마주하련만

陶	山	月	夜	詠	梅
질그릇 도	메 산	달 월	밤 야	읊을 영	매화 매

도산의 달밤에 매화를 읊다[3]

늦게 피는 매화꽃의 참뜻을 새삼 알겠거니	추위를 겁내는 나를 익히 알기에

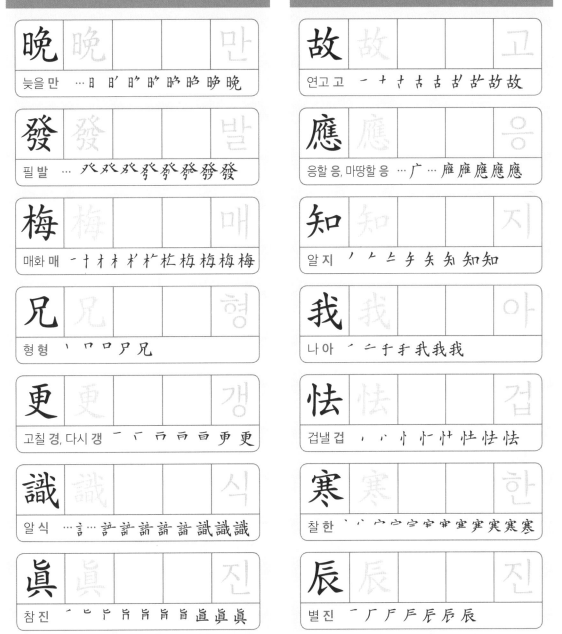

晚　晚　　만
늦을 만　…日 日' 旷 旷 昡 晚 晚 晚

發　發　　발
필 발　… 癶 癶 癶 啓 發 發 發 發

梅　梅　　매
매화 매　一 十 十 オ 朾 栌 栌 梅 梅 梅

兄　兄　　형
형 형　丶 口 口 尸 兄

更　更　　갱
고칠 경, 다시 갱　一 厂 厂 月 百 更 更

識　識　　식
알 식　…言… 訂 訪 訪 諳 諳 識 識 識

眞　眞　　진
참 진　一 匕 匕 片 肖 肖 旨 直 眞 眞

故　故　　고
연고 고　一 十 十 古 古 古' 扩 故 故

應　應　　응
응할 응, 마땅할 응 … 广 … 雁 雁 雁 應 應 應

知　知　　지
알 지　丿 丶 ㄴ 矢 矢 知 知 知

我　我　　아
나 아　丿 一 二 千 手 我 我 我

怯　怯　　겁
겁낼 겁　丶 丶 忄 忄 忙 怯 怯 怯

寒　寒　　한
찰 한　丶 丷 宀 宀 宀 宇 审 実 実 寒 寒

辰　辰　　진
별 진　一 厂 厂 尸 尺 辰 辰

可	可			가
옳을 가　一 丁 丏 可 可

能	能			능
능할 능　ㅅ ㅅ ㅅ 乍 乍 育 育 能 能 能

憐	憐			련
불쌍히 여길 련(연)　… 忄 忄 怜 憐 憐 憐 憐

作	作			작
지을 작　ノ イ 亻 𠆢 仁 竹 作 作

此	此			차
이 차　l ト 止 止 此

終	終			종
마칠 종　… 幺 幺 糸 糸 終 終 終 終

夜	夜			야
밤 야　、 亠 广 疒 疒 夜 夜 夜

宵	宵			소
밤 소　… 宀 宀 宀 宀 宀 宵 宵 宵

宜	宜			의
마땅 의　、 宀 宀 宀 宀 宜 宜 宜

對	對			대
대할 대　… 业 业 业 业 业 业 业 對 對

蘇	蘇			소
되살아날 소　… 蘇 蘇 蘇 蘇 蘇 蘇

月	月			월
달 월　ノ 刀 月 月

病	病			병
병 병　、 亠 广 广 广 疒 疒 病 病 病

人	人			인
사람 인　ノ 人

42

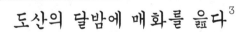

도산의 달밤에 매화를 읊다[3]

늦게 피는 매화꽃의 참뜻을 새삼 알겠거니
추위를 겁내는 나를 익히 알기에
가엾고 불쌍하다 이 밤에 내 병이 낫는다면
밤새도록 달과 마주하련만

夢詩
몽 시

雪	山	深	處	一	枝	花
설	산	심	처	일	지	화
爭	似	緋	桃	護	絳	紗
쟁	사	비	도	호	강	사
此	心	已	作	金	剛	鐵
차	심	이	작	금	강	철
縱	有	風	爐	奈	汝	何
종	유	풍	로	내	여	하

꿈에서 지은 시

눈 덮인 산 깊은 곳 꽃 한 송이

붉은 비단에 싸인 복사꽃만 하겠는가

이 마음 이미 금강철 되었으니

풍로가 있다 한들 그대가 어찌하겠는가

정약용(茶山 丁若鏞, 1762~1836) : 조선 후기의 학자. 자는 미용(美庸). 호는 다산(茶山)·사암(俟菴). 문장과 경학(經學)에 뛰어난 학자로, 유형원과 이익 등의 실학을 계승하고 집대성하였다. 저서에 「목민심서」, 「흠흠신서」 따위가 있다.

夢詩

꿈에서 지은 시

夢	夢		몽

꿈몽 … 苗 苗 莤 莤 夢 夢 夢

詩	詩		시

시시 … 言 言 計 計 計 詩 詩

눈 덮인 산 깊은 곳 꽃 한 송이

雪	雪		설

눈설 … 一 广 乕 乕 乕 雩 雪 雪

山	山		산

메산 丨 山 山

深	深		심

깊을심 … 氵 氵 汀 汈 浑 浑 深 深 深

處	處		처

곳처 … 广 庐 庐 庐 虍 虙 處 處

一	一		일

한일 一

枝	枝		지

가지지 一 十 才 木 札 枋 枝

花	花		화

꽃화 一 十 甘 节 芢 花 花

붉은 비단에 싸인 복사꽃만 하겠는가

爭	爭		쟁

다툴쟁 ' ' ' 仨 爭 爭 爭 爭

似	似		사

닮을사 丿 亻 亻 伀 似 似

緋	緋		비

비단비 … 糸 糽 紏 紒 紒 緋 緋 緋 緋

桃	桃		도

복숭아도 一 十 才 木 杉 朷 材 桃 桃 桃

護	護		호

도울호 …言… 許 許 評 護 護 護 護 護

絳	絳		강

진홍강 … 糸 糸 糸 糸 終 終 終 絳

紗	紗		사

비단사 … 糸 糸 紗 紗 紗

45

此
此　　　차
이차 ㅣ ㅏ � 止 此

心
心　　　심
마음심 ㆍ 心 心 心

已
已　　　이
이미이 ㄱㄱ已

作
作　　　작
지을작 ノ イ イ 仁 忙 竹 作 作

金
金　　　금
쇠금 ノ 人 人 合 全 全 余 金

剛
剛　　　강
굳셀강 ㅣ 冂 冂 冈 冈 冈 岡 岡 剛 剛

鐵
鐵　　　철
쇠철 ノ ㅅ ㅆ ㅆ 牟 牟 余 金 金 金
釒 釒 鋕 鋕 鋕 鐺 鋽 鐵 鐵 鐵

縱
縱　　　종
세로종 … 糸 糸 糸 糸 糸 紲 紲 縱

有
有　　　유
있을유 ㅡ ナ ナ 右 有 有

風
風　　　풍
바람풍 ノ 几 几 凡 凨 凨 風 風 風

爐
爐　　　로
화로로(노) … 炉 … 爐 爐 爐 爐 爐

奈
奈　　　내
어찌내 ㅡ ナ 大 太 卒 �269 奈 奈

汝
汝　　　여
너여 ㆍ ㆍ 氵 汝 汝 汝

何
何　　　하
어찌하 ノ イ 仁 仁 何 何 何

※ 붓펜으로 써 보세요.

꿈에서 지은 시

눈 덮인 산 깊은 곳 꽃 한 송이
붉은 비단에 싸인 복사꽃만 하겠는가
이 마음 이미 금강철 되었으니
풍로가 있다 한들 그대가 어찌하겠는가

訪花
방 화

折 取 百 花 看
절 취 백 화 간

不 如 吾 家 花
불 여 오 가 화

也 非 花 品 別
야 비 화 품 별

祇 是 在 吾 家
지 시 재 오 가

꽃을 찾아서

온갖 꽃을 다 꺾어 보아도

우리 집 꽃만 못하구나

그거야 꽃의 품종이 달라서가 아니라

단지 이것이 우리 집에 있어서라네

訪花
꽃을 찾아서

訪 | 訪 | | 방

찾을 방 … 言 言 言 訪 訪

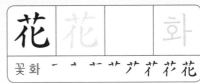

花 | 花 | | 화

꽃 화 一 十 卄 廾 艹 花 花 花

온갖 꽃을 다 꺾어 보아도

折 | 折 | | 절

꺾을 절 一 十 扌 扩 扩 折 折

取 | 取 | | 취

가질 취 一 T F F E 耳 取 取

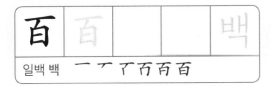

百 | 百 | | 백

일백 백 一 了 了 百 百 百

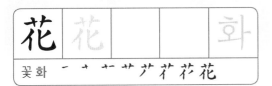

花 | 花 | | 화

꽃 화 一 十 卄 廾 艹 花 花 花

看 | 看 | | 간

볼 간 一 一 二 手 手 看 看 看

우리 집 꽃만 못하구나

不 | 不 | | 불

아닐 부, 아닐 불 一 丆 丆 不

如 | 如 | | 여

같을 여 ㄥ 女 女 如 如 如

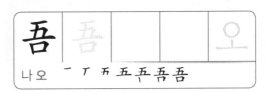

吾 | 吾 | | 오

나 오 一 T 五 五 五 吾 吾

家 | 家 | | 가

집 가 丶 冖 宀 宀 宁 宁 宇 穸 家 家

花 | 花 | | 화

꽃 화 一 十 卄 廾 艹 花 花 花

그거야 꽃의 품종이 달라서가 아니라

也	也			야

어조사 야　ㄱ 九 也

非	非			비

아닐 비　ノ ナ 二 三 非 非 非

花	花			화

꽃 화　一 十 丿 十 艹 艹 花 花

品	品			품

물건 품　丶 丨 口 口 口 吕 吕 品 品

別	別			별

나눌 별, 다를 별　丶 丨 口 口 号 另 別 別

단지 이것이 우리 집에 있어서라네

祇	祇			지

공경할 지　… 示 示 祀 祇 祇 祇

是	是			시

이 시, 옳을 시　… 日 旦 早 早 昊 是

在	在			재

있을 재　一 ナ 才 右 在 在

吾	吾			오

나 오　一 丆 五 五 푬 吾 吾

家	家			가

집 가　丶 丶 宀 宀 宀 宀 穷 家 家 家

折取百花看　不如吾家花

也非花品別　祇是在吾家

※ 붓펜으로 써 보세요.

꽃을 찾아서

온갖 꽃을 다 꺾어 보아도
우리 집 꽃만 못하구나
그거야 꽃의 품종이 달라서가 아니라
단지 이것이 우리 집에 있어서라네

驚雁
경 안

銅	雀	津	西	月	似	鉤
동	작	진	서	월	사	구
一	雙	驚	雁	度	沙	洲
일	쌍	경	안	도	사	주
今	宵	共	宿	蘆	中	雪
금	소	공	숙	노	중	설
明	日	分	飛	各	轉	頭
명	일	분	비	각	전	두

놀란 기러기

동작나루 서쪽으로 달이 갈고리 같고

놀란 기러기 한 쌍 모래섬을 건너오네

이 밤 갈대숲 눈밭에서 함께 지새우지만

내일이면 제각기 머리 돌려 헤어져 날아가리

※다산 정약용은 1801년 천주교 박해를 받아 전라도로 귀양을 가게 된다. 그때 부인과 마지막 밤을 보내며 한 쌍의 기러기를 자기 부부로 비유해 지은 시이다.

驚雁
─────
놀란 기러기

驚 | 驚 | | 경
놀랄 경 … 驚 驚 驚 驚 驚 驚

雁 | 雁 | | 안
기러기 안 … 厏 厏 厏 雁 雁

동작나루 서쪽으로
달이 갈고리 같고

銅 | 銅 | | 동
구리 동 … 金 釒 釘 釦 銅 銅 銅

雀 | 雀 | | 작
참새 작 … ⺌ 少 少 少 雀 雀 雀 雀 雀

津 | 津 | | 진
나루 진 … 氵 氵 汢 津 津 津 津

西 | 西 | | 서
서녘 서 … 一 冂 冂 丙 西 西

月 | 月 | | 월
달 월 … ノ 月 月 月

似 | 似 | | 사
닮을 사 … ノ 亻 亻 似 似 似

鉤 | 鉤 | | 구
갈고리 구 … 金 釒 釣 釣 鉤 鉤

놀란 기러기 한 쌍
모래섬을 건너오네

一 | 一 | | 일
한 일 … 一

雙 | 雙 | | 쌍
쌍 쌍 … 隹 隹 隹 隹 隹 隹 雙 雙

驚 | 驚 | | 경
놀랄 경 … 驚 驚 驚 驚 驚 驚 驚 驚 驚

雁 | 雁 | | 안
기러기 안 … 厂 厃 厃 厃 雁 雁 雁 雁 雁

度 | 度 | | 도
법도 도 … 丶 亠 广 户 庐 庐 庐 序 度

沙 | 沙 | | 사
모래 사 … 丶 丶 氵 氵 汃 沙 沙

洲 | 洲 | | 주
물가 주 … 丶 丶 氵 氵 汌 汌 汌 洲 洲 洲

今
이제 금　ノ 人 仝 今

明
밝을명　l 冂 日 日 盯 明 明 明

宵
밤소　… 宀 宀 宀 宵 宵 宵 宵 宵

日
날일　l 冂 月 日

共
함께공　一 十 艹 井 共 共

分
나눌분　ノ 八 今 分

宿
잘숙 … 宀 宀 宀 宿 宿 宿 宿 宿 宿

飛
날비　乀 飞 飞 飞 飞 飛 飛 飛 飛

蘆
갈대 로(노) … 芦 … 蘆 蘆 蘆 蘆 蘆 蘆

各
각각 각　ノ ク 夂 夂 各 各

中
가운데 중　丶 冂 口 中

轉
구를전 … 車丁 車丁 車車 車車 車車 車車 轉 轉

雪
눈설　一 广 币 币 币 雪 雪 雪

頭
머리두 … 豆 豆 豆丁 豆飞 頭 頭 頭 頭 頭 頭

놀란 기러기

동작나루 서쪽으로 달이 갈고리 같고
놀란 기러기 한 쌍 모래섬을 건너오네
이 밤 갈대숲 눈밭에서 함께 지새우지만
내일이면 제각기 머리 돌려 헤어져 날아가리

池閣絕句 中에서
지 각 절 구

種花人只解看花
종 화 인 지 해 간 화

不解花衰葉更奢
불 해 화 쇠 엽 갱 사

頗愛一番霖雨後
파 애 일 번 림 우 후

弱枝齊吐嫩黃芽
약 지 제 토 눈 황 아

연못가 누각에서 지은 시 中에서

꽃 심은 사람들 꽃구경할 줄만 알지

꽃 시든 뒤 잎이 다시 무성해지는 것을 모른다네

한차례 장맛비 쏟아진 다음 몹시 사랑스럽구나

여린 가지마다 일제히 돋아난 연노랑 새싹

※절구(絕句) : 한시(漢詩)의 근체시(近體詩) 형식의 하나. 기(起)·승(承)·전(轉)·결(結)의 네 구로 이루어
졌는데, 한 구가 다섯 자로 된 것을 오언 절구, 일곱 자로 된 것을 칠언 절구라고 한다.

池 閣 絕 句
못 지　집 각　끊을 절　글귀 구

연못가 누각에서 지은 시

꽃 심은 사람들 꽃구경할 줄만 알지	꽃 시든 뒤 잎이 다시 무성해지는 것을 모른다네

種　　　　종
씨 종 …

花　　　　화
꽃 화

人　　　　인
사람 인

只　　　　지
다만 지

解　　　　해
풀 해 …

看　　　　간
볼 간

花　　　　화
꽃 화

不　　　　불
아닐 부, 아닐 불

解　　　　해
풀 해 …

花　　　　화
꽃 화

衰　　　　쇠
쇠할 쇠

葉　　　　엽
잎 엽 …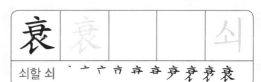

更　　　　갱
고칠 경, 다시 갱

奢　　　　사
사치할 사 …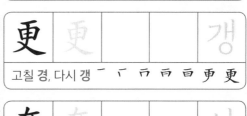

頗 頗 　 　 파
자못 파 …

愛 愛 　 　 애
사랑 애 …

一 一 　 　 일
한 일 一

番 番 　 　 번
차례 번

霖 霖 　 　 림
장마 림(임) …

雨 雨 　 　 우
비 우

後 後 　 　 후
뒤 후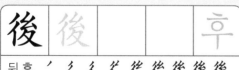

弱 弱 　 　 약
약할 약

枝 枝 　 　 지
가지 지

齊 齊 　 　 제
가지런할 제 …

吐 吐 　 　 토
토할 토

嫩 嫩 　 　 눈
어릴 눈 …

黃 黃 　 　 황
누를 황

芽 芽 　 　 아
싹 아

中에서

연 못 가 누 각 에 서 지 은 **시** 中에서

꽃 심은 사람들 꽃구경할 줄만 알지
꽃 시든 뒤 잎이 다시 무성해지는 것을 모른다네
한차례 장맛비 쏟아진 다음 몹시 사랑스럽구나
여린 가지마다 일제히 돋아난 연노랑 새싹

山居雜興 中에서
산 거 잡 흥

燕 家 兒 子 漸 生 翎
연 가 아 자 점 생 령

燕 母 時 來 亦 聽 經
연 모 시 래 역 청 경

終 是 天 機 非 佛 性
종 시 천 기 비 불 성

還 飛 去 捕 綠 蜻 蜓
환 비 거 포 록 청 정

산에 살면서 中에서

제비집에 새끼 깃털이 점점 돋아나고

어미 제비 때때로 날아와 불경 소리 듣더구만

끝내 타고나길 불성이 아닌지라

도로 날아가 푸른 잠자리를 낚아채네

山 居 雜 興

메산 살거 섞일잡 일흥

산에 살면서

燕　燕　　　연
제비 연 … 苫 … 苩 苩 燕 燕 燕 燕 燕

家　家　　　가
집 가 ` ` 宀 宀 宀 宁 宇 穸 家 家

兒　兒　　　아
아이 아 ` ` ⺈ ⺈ 臼 臼 臼 兒 兒

子　子　　　자
아들 자 ⺈ 了 子

漸　漸　　　점
점점 점 … 氵 沪 沪 沛 浐 漸 漸 漸

生　生　　　생
날 생 ノ ト ヒ 牛 生

翎　翎　　　령
깃 령(영) … 令 舲 舲 舲 翎 翎 翎

燕　燕　　　연
제비 연 … 苫 … 苩 苩 燕 燕 燕 燕 燕

母　母　　　모
어머니 모 ㄴ 勹 母 母 母

時　時　　　시
때 시 ㅣ 门 月 日 旷 旷 旷 旷 時 時

來　來　　　래
올 래(내) 一 ㄱ 厂 ⺈ 中 中 來 來

亦　亦　　　역
또 역 ` 亠 广 亣 亣 亦

聽　聽　　　청
들을 청 … 耳 耳 … 聽 聽 聽 聽 聽

經　經　　　경
지날 경, 글 경 … 纟 红 纤 經 經 經 經 經

終　終　　　　종
마칠종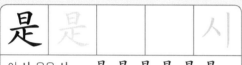

是　是　　　　시
이 시, 옳을 시 …

天　天　　　　천
하늘천

機　機　　　　기
틀 기 …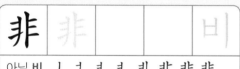

非　非　　　　비
아닐비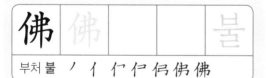

佛　佛　　　　불
부처불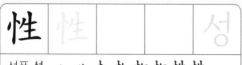

性　性　　　　성
성품성

還　還　　　　환
돌아올 환 …

飛　飛　　　　비
날비

去　去　　　　거
갈 거

捕　捕　　　　포
잡을 포

綠　綠　　　　록
푸를 록(녹) …

蜻　蜻　　　　청
잠자리 청 …

蜓　蜓　　　　정
잠자리 정 …

62

※ 붓펜으로 써 보세요.

中에서

산에 살면서 中에서

제비집에 새끼 깃털이 점점 돋아나고
어미 제비 때때로 날아와 불경 소리 듣더구만
끝내 타고나길 불성이 아닌지라
도로 날아가 푸른 잠자리를 낚아채네

梅鳥圖
매 조 도

梅來室實
매 래 실 실

庭其家其
정 기 가 기

我然爾賁
아 연 이 분

息惠樂有
식 혜 낙 유

鳥芳棲榮
조 방 서 영

飛其爰旣
비 기 원 기

翩烈止之
편 열 지 지

翩有爰華
편 유 원 화

매조도에 쓴 시

훌훌 새가 날아와 우리 뜰 매화에서 쉬었다

진한 그 매화 향에 이끌려 즐겁게 왔다

이제 이곳에 머물러 지내며 네 집 안을 즐겁게 해라

꽃도 이미 만발하였으니 그 열매도 풍성하겠네

梅	梅	매
매화 매 一十才木杧杧梅梅梅梅		

鳥	鳥	조
새 조 ´ ⺈ ⼾ ⼾ ⺈ 白 鳥 鳥鳥鳥鳥		

圖	圖	도
그림 도 丨冂冂冃冐冏冏冏冏冏冏圖圖圖		

훌훌 새가 날아와 / 우리 뜰 매화에서 쉬었다.

翩	翩	편
나부낄 편 ` ㇀ ㇀ ⼾ 户 肩 肩 肩 扁 … 翩		
翩	翩	편
나부낄 편 … 扁 扁 扁 扁 翩 翩 翩		
飛	飛	비
날 비 乁 ㇂ ㇂ 飞 飞 飞 飛 飛 飛		
鳥	鳥	조
새 조 ´ ⺈ ⼾ ⼾ ⺈ 白 鳥 鳥 鳥 鳥 鳥		

息	息	식
쉴 식 ´ ⺈ ⼵ 白 白 自 自 息 息 息		
我	我	아
나 아 ´ 二 手 手 我 我 我		
庭	庭	정
뜰 정 ` 二 广 广 广 庄 庄 庭 庭 庭		
梅	梅	매
매화 매 一十才木杧杧梅梅梅梅		

진한 그 매화 향에 이끌려 / 즐겁게 왔다

有	有	유
있을 유 一ナオ有有有		
烈	烈	열
세찰 렬(열) … 歹 列 列 列 烈 烈 烈		
其	其	기
그 기 一十卄廿甘其其其		
芳	芳	방
꽃다울 방 一 ㇀ 卄 艹 艿 芳 芳		

惠	惠	혜
은혜 혜 … 冂 白 甫 車 車 車 惠 惠 惠		
然	然	연
그럴 연 … 夕 夕 外 外 狄 然 然 然 然		
其	其	기
그 기 一十卄廿甘其其其		
來	來	래
올 래(내) 一 ㇀ 厂 厃 厔 來 來 來		

이제 이곳에 머물러 지내며 / 네 집 안을 즐겁게 해라

爰	爰			원
이에 원	`´ ´ ´ ´ ´ 爫 爫 爭 爰 爰 爰`			

止	止			지
그칠 지	`丨 卜 止 止`			

爰	爰			원
이에 원	`´ ´ ´ ´ ´ 爫 爫 爭 爰 爰 爰`			

棲	棲			서
깃들일 서	`… 木 木 杧 杧 棒 棒 棲 棲 棲`			

樂	樂			낙
노래 악, 즐길 락(낙)	`… 絈 絈 織 織 織 樂 樂 樂`			

爾	爾			이
너 이	`´ ´ ´ ´ 广 行 帘 帘 爾 爾 爾 爾 爾 爾`			

家	家			가
집 가	`丶 丶 宀 宀 宀 宁 宁 宇 家 家 家`			

室	室			실
집 실	`丶 丶 宀 宀 宀 宧 宧 宧 室 室`			

꽃도 이미 만발하였으니 / 그 열매도 풍성하겠네

華	華			화
빛날 화	`一 十 十 艹 艹 艹 芢 苹 莗 莗 華`			

之	之			지
갈 지	`丶 一 亠 之`			

旣	旣			기
이미 기	`… 白 白 皀 皀 皀 旣 旣`			

榮	榮			영
영화 영, 꽃 영	`… 炏 炏 炏 燚 燚 榮 榮`			

有	有			유
있을 유	`一 ナ 才 有 有 有`			

賁	賁			분
클 분	`一 十 土 卉 卉 卉 齐 賁 賁 賁 賁 賁`			

其	其			기
그 기	`一 十 甘 甘 甘 甘 其 其 其`			

實	實			실
열매 실	`… 宁 宯 宯 宵 宵 宵 宵 實 實`			

※ 붓펜으로 써 보세요.

매조도에 쓴 시

홀홀 새가 날아와 우리 뜰 매화에서 쉬었다
진한 그 매화 향에 이끌려 즐겁게 왔다
이제 이곳에 머물러 지내며 네 집 안을 즐겁게 해라
꽃도 이미 만발하였으니 그 열매도 풍성하겠네

乍晴乍雨
사 청 사 우

乍晴乍雨雨還晴
사청사우우환청

天道猶然況世情
천도유연황세정

譽我便是還毀我
예아편시환훼아

逃名却自爲求名
도명각자위구명

花開花謝春何管
화개화사춘하관

雲去雲來山不爭
운거운래산부쟁

寄語世人須記認
기어세인수기인

取歡無處得平生
취환무처득평생

김시습(梅月堂 金時習, 1435~1493) : 조선 전기의 학자. 자는 열경(悅卿). 호는 매월당(梅月堂). 생육신의 한 사람으로, 승려가 되어 방랑 생활을 하며 절개를 지켰다. 유·불(儒佛) 정신을 아울러 포섭한 사상과 탁월한 문장으로 일세를 풍미하였다. 한국 최초의 한문 소설 〈금오신화〉를 지었고, 저서에 「매월당집」이 있다.

잠깐 맑았다 다시 비 오네

잠깐 맑았다 비 오고 비 오다 다시 개니

하늘의 도리도 오히려 이러한데 하물며 세상 인심 오죽하랴

나를 칭찬하더니 곧 돌이켜 나를 헐뜯고

이름을 숨기더니 도리어 스스로 명성을 구하고자 하는구나

꽃이 피고 진들 봄이 어찌 상관하겠는가

구름이 오고 가도 산은 다투지 않는다

세상 사람에게 말하노니 모름지기 새겨 알아 두오

기쁨을 취한들 평생은 얻을 수 없음을

乍 晴 乍 雨
잠깐 사　갤 청　잠깐 사　비 우

잠깐 맑았다 다시 비 오네

잠깐 맑았다 비 오고 비 오다 다시 개니

乍	乍			사
잠깐 사　ノ ノ ゲ 乍 乍				

晴	晴			청
갤 청 … 日 日‐ 日‐ 日‡ 晴 晴 晴 晴 晴				

乍	乍			사
잠깐 사　ノ ノ ゲ 乍 乍				

雨	雨			우
비 우　一 冂 冂 襾 雨 雨 雨 雨				

雨	雨			우
비 우　一 冂 冂 襾 雨 雨 雨 雨				

還	還			환
돌아올 환 … 罒 罘 界 景 景 睘 環 還				

晴	晴			청
갤 청 … 日 日‐ 日‐ 日‡ 晴 晴 晴 晴 晴				

하늘의 도리도 오히려 이러한데 하물며 세상 인심 오죽하랴

天	天			천
하늘 천　一 二 チ 天				

道	道			도
길 도, 도 도　丶 ヽ ゛ ゛ ゛ 首 首 首 首 首 谐 道				

猶	猶			유
오히려 유 … 犭 犭 狞 狞 猶 猶 猶 猶				

然	然			연
그럴 연 … 夕 夕 夘 然 狹 然 然 然 然				

況	況			황
하물며 황　丶 冫 冫 氵 沪 沪 況 況				

世	世			세
인간 세　一 十 卅 卅 世				

情	情			정
뜻 정　丶 丶 忄 忄 忄 忄 忄 情 情 情 情				

| 譽 | 譽 | | | 예 |
| 기릴 예 | ...旳 ...脚 與 與 與 與 與 與 譽 譽 譽 譽 | | | |

| 逃 | 逃 | | | 도 |
| 도망할 도 | ノ ノ 刂 兆 兆 兆 兆 逃 逃 | | | |

| 我 | 我 | | | 아 |
| 나 아 | ノ 二 千 手 我 我 我 | | | |

| 名 | 名 | | | 명 |
| 이름 명 | ノ ク タ タ 名 名 | | | |

| 便 | 便 | | | 편 |
| 편할 편 | ノ イ イ イ 佰 佰 佰 便 便 | | | |

| 却 | 却 | | | 각 |
| 물리칠 각 | 一 十 土 去 去 却 却 | | | |

| 是 | 是 | | | 시 |
| 이 시, 옳을 시 | ...ㅂ 므 브 부 부 昰 是 | | | |

| 自 | 自 | | | 자 |
| 스스로 자 | ノ イ 冂 自 自 自 | | | |

| 還 | 還 | | | 환 |
| 돌아올 환 | ...睘 睘 睘 睘 環 還 | | | |

| 爲 | 爲 | | | 위 |
| 할 위 | ノ ベ ベ ベ ベ ズ ズ ズ 爲 爲 爲 爲 | | | |

| 毀 | 毀 | | | 훼 |
| 헐 훼 | ...白 白 臼 皀 皀 毁 毀 毀 | | | |

| 求 | 求 | | | 구 |
| 구할 구 | 一 十 寸 寸 求 求 求 | | | |

| 我 | 我 | | | 아 |
| 나 아 | ノ 二 千 手 我 我 我 | | | |

| 名 | 名 | | | 명 |
| 이름 명 | ノ ク タ タ 名 名 | | | |

花 | 花 | | | 화
꽃 화　ー ナ ナ サ 艼 花 花 花

雲 | 雲 | | | 운
구름 운　… 币 雨 雪 雪 雪 雲 雲 雲 雲

開 | 開 | | | 개
열 개　… ｱ ｱ 門 門 門 門 閂 開 開

去 | 去 | | | 거
갈 거　ー ナ 土 去 去

花 | 花 | | | 화
꽃 화　ー ナ ナ サ 艼 花 花 花

雲 | 雲 | | | 운
구름 운　… 币 雨 雪 雪 雪 雲 雲 雲 雲

謝 | 謝 | | | 사
사례할 사　… 訵 訵 訽 訽 謝 謝 謝 謝

來 | 來 | | | 래
올 래(내)　ー ｒ ｆ ｆ ｆ 朿 來 來

春 | 春 | | | 춘
봄 춘　ー ニ 三 丰 夫 夫 春 春 春

山 | 山 | | | 산
메 산　Ｉ 山 山

何 | 何 | | | 하
어찌 하　ノ イ イ 伫 伫 何 何

不 | 不 | | | 부
아닐 부, 아닐 불　ー ｱ ｱ 不

管 | 管 | | | 관
대롱 관, 주관할 관　ノ ﾉ ﾉ ﾉ ﾄ 竹 竹 竹 竹
竹 竹 竹 竹 管 管

爭 | 爭 | | | 쟁
다툴 쟁　ノ ｒ ｒ ｆ 白 ｄ 争 争

72

寄 │ 寄 │ │ │ 기
부칠 기 … 宀 宀 宀 宀 宀 宀 宷 宷 寄

語 │ 語 │ │ │ 어
말씀 어 … 言 言 訐 語 語 語 語 語

世 │ 世 │ │ │ 세
인간 세, 세상 세 一 十 卅 卅 世

人 │ 人 │ │ │ 인
사람 인 ノ 人

須 │ 須 │ │ │ 수
모름지기 수 … 彡 彡 豸 豸 须 須 須 須 須 須

記 │ 記 │ │ │ 기
기록할 기 … 言 言 言 言 記 記 記

認 │ 認 │ │ │ 인
알 인 … 言 訒 訒 訒 訒 認 認 認

取 │ 取 │ │ │ 취
가질 취 一 丅 丅 丆 耳 耳 取 取

歡 │ 歡 │ │ │ 환
기쁠 환 一 十 廿 廿 廿 廿 廿 廿 廿 廿 廿 廿
芇 芇 芇 萑 萑 萑 萑 萑 歡 歡 歡

無 │ 無 │ │ │ 무
없을 무 ノ 느 … 無 無 無 無 無 無

處 │ 處 │ │ │ 처
곳 처 … 广 戶 虍 虍 虍 處 處 處

得 │ 得 │ │ │ 득
얻을 득 … 彳 彳 彳 彳 彳 得 得 得

平 │ 平 │ │ │ 평
평평할 평 一 兀 兀 五 平

生 │ 生 │ │ │ 생
날 생 ノ 느 느 生 生

73

※ 붓 펜으로 써 보세요.

作晴作雨

作晴作雨

잠깐 맑았다 다시 비 오네

잠깐 맑았다 비 오고 비 오다 다시 개니

하늘의 도리도 오히려 이러한데 하물며 세상 인심 오죽하랴

나를 칭찬하더니 곧 돌이켜 나를 헐뜯고

이름을 숨기더니 도리어 스스로 명성을 구하고자 하는구나

꽃이 피고 진들 봄이 어찌 상관하겠는가
구름이 오고 가도 산은 다투지 않는다
세상 사람에게 말하노니 모름지기 새겨 알아 두오
기쁨을 취한들 평생은 얻을 수 없음을

小言
소　　언

螟(명) 翎(령) 像(상) 形(형)
蟭(초) 薄(박) 物(물) 猴(후)
繫(계) 墜(추) 裁(재) 塑(소)
紐(뉴) 眉(미) 塵(진) 刺(자)
作(작) 蚊(문) 微(미) 纖(섬)
毫(호) 着(착) 折(절) 雕(조)
秋(추) 撞(당) 細(세) 精(정)

點(점) 零(령) 箇(개) 冥(명)
團(단) 細(세) 一(일) 青(청)
團(단) 細(세) 蠅(승) 上(상)
面(면) 中(중) 天(천) 翼(익)
鏡(경) 空(공) 秋(추) 扣(구)
麋(미) 霧(무) 看(간) 翩(편)
粉(분) 輕(경) 坐(좌) 翩(편)

작은 소리

가을 터럭으로 매듭 만들어 작은 벌레 잡아매니

모기 눈썹과 맞부딪쳐 얇은 날개 떨어졌네

작은 먼지 잘게 잘라 사물 모양 만드는데

가느다란 가시에 정교로이 새겨 원숭이 모양 만드네

거울의 표면에 분가루 동글동글 점

가벼운 안개처럼 공중에 가늘게 떨어지네

가을 하늘 앉아 바라보니 파리 한 마리

펄펄 날개짓하며 푸른 하늘로 날아오르네

※추호(秋毫) : 가을에 털갈이해 털이 매우 가늘어진 짐승의 털
※초명(蟭螟) : 지극히 작은 전설 속 곤충 이름이다. 초명은 떼로 모기 눈썹 사이에 집을 짓고 사는데,
　　모기 눈썹 사이를 들락날락해도 너무 작아 모기가 눈치를 못 챈다고 한다.
· · ·
천재 김시습은 그의 시 〈소언〉을 통해 눈으로 보이지 않는 세계 '소우주'를 표현했다. 기발한 발상으로
현재 과학에서도 넘보기 어려운 미시세계를 정교하게 읊고 있다.

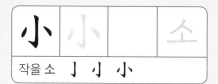

小言
작은 소리

小	小		소
작을소 ｜小小			

言	言		언
말씀언 `亠亠言言言言			

가을 터럭으로 매듭 만들어
작은 벌레 잡아매니

秋	秋		추
가을 추 ノ二千禾禾禾禾秋秋			

毫	毫		호
터럭 호 `亠…古卢亭亭亭毫毫			

作	作		작
지을 작 ノ亻亻竹竹作作			

紐	紐		뉴
맺을 뉴(유) … 纟糸糸糸糺紐紐紐			

繫	繫		계
맬 계 …車軎軎軗轂轂轂繫繫繫			

蟭	蟭		조
사마귀 알 초 …虫虫虯…蜂蜂蜂蟭蟭			

螟	螟		명
멸구 명 …虸虰蚄螟螟蝒螟螟螟			

모기 눈썹과 맞부딪쳐
얇은 날개 떨어졌네

撞	撞		당
칠 당 …护护揞揞揞撞撞			

着	着		착
붙을 착 …⺷⺼⺷羊羊着着着着			

蚊	蚊		문
모기 문 …口中虫虫虰蚊蚊蚊			

眉	眉		미
눈썹 미 ｀フコア尸尸眉眉眉眉			

墜	墜		추
떨어질 추 …阝阽阼陊陊陊墜墜			

薄	薄		박
엷을 박 ⺾芦芦萡萡蒲蒲蓮薄薄			

翎	翎		령
깃 령(영) …𠆢令令令令翎翎翎			

| 細 | 細 | | 세 |

가늘 세 … 幺 幺 乡 糸 糸 糸 糸 細 細 細

| 精 | 精 | | 정 |

정할 정 … 米 米 米 米 精 精 精 精 精

| 折 | 折 | | 절 |

꺾을 절 一 十 扌 扌 扩 折 折

| 雕 | 雕 | | 조 |

새길 조 … 月 月 周 周 周 雕 雕 雕 雕 雕 雕

| 微 | 微 | | 미 |

작을 미 … 彳 彳 彳 微 微 微 微 微

| 纖 | 纖 | | 섬 |

가늘 섬 … 糸 … 緕 緕 緕 緕 纖 纖 纖

| 塵 | 塵 | | 진 |

티끌 진 … 广 广 广 庐 庐 庐 鹿 鹿 塵 塵 塵

| 刺 | 刺 | | 자 |

찌를 자 一 亠 口 市 束 束 刺 刺

| 裁 | 裁 | | 재 |

마를 재 … 土 丰 圭 恚 表 栽 裁 裁

| 塑 | 塑 | | 소 |

흙 빚을 소 … 屵 朔 朔 朔 朔 朔 塑 塑

| 物 | 物 | | 물 |

물건 물 ノ ナ 牛 牛 牜 物 物 物

| 猴 | 猴 | | 후 |

원숭이 후 … 犭 犭 犲 犲 犲 猴 猴 猴

| 像 | 像 | | 상 |

모양 상 ノ 亻 … 俗 俜 傗 傗 像 像 像

| 形 | 形 | | 형 |

모양 형 一 二 干 开 开 形 形

거울의 표면에 분가루 동글동글 점	가벼운 안개처럼 공중에 가늘게 떨어지네

粉 분
가루 분 `丶丷丷半米米粉粉粉`

麋 미
죽 미, 문드러질 미 … `麻麻麻麽麾麾麋`

鏡 경
거울 경 … `鍷鍷鍹鏡鏡鏡鏡`

面 면
낯 면 `一丆丆丙而而面面`

團 단
둥글 단 `丨冂冂冋冋同同圃`
`圃圃團團團團`

團 단
둥글 단 … `圃圃團團團團團`

點 점 … `里` … `黑黑黗點點點點`

輕 경
가벼울 경 … `車車軒軒輕輕輕輕`

霧 무
안개 무 … `雩雩雩雾雾雾雾雾霧霧`

空 공
빌 공 `丶丶宀宀穴空空空`

中 중
가운데 중 `丨冂口中`

細 세
가늘 세 `幺幺幺纟纟纟` … `細`

細 세
가늘 세 … `纟纟纟纟糸紀紐細細`

零 령(영) … `雩雩雩雯雯雯零零`

坐 | 坐 | | 좌
앉을 좌　ノ ㇒ ㇢ ㇢ ㇢ 丛 坐 坐

翩 | 翩 | | 편
나부낄 편　㇏ ㇛ ㇛ 尸 尸 肙 肙 扁 … 翩

看 | 看 | | 간
볼 간　一 二 三 弄 丢 看 看 看

翩 | 翩 | | 편
나부낄 편 … 扁 扁 扁 扇 扇 翩 翩

秋 | 秋 | | 추
가을 추　ノ 二 千 禾 禾 禾 秒 秋 秋

扣 | 扣 | | 구
두드릴 구　一 十 扌 扌 扣 扣

天 | 天 | | 천
하늘 천　一 二 干 天

翼 | 翼 | | 익
날개 익 … 羿 羿 羿 羿 羿 翌 翌 翌 翼 翼

蠅 | 蠅 | | 승
파리 승 … 虻 虻 虹 虹 虵 … 蠅 蠅 蠅

上 | 上 | | 상
윗 상　丨 ㇏ 上

一 | 一 | | 일
한 일　一

靑 | 靑 | | 청
푸를 청　一 二 丰 丰 青 青 青 青

箇 | 箇 | | 개
낱 개 … 竹 竺 竹 竹 筒 筒 筒 箇

冥 | 冥 | | 명
어두울 명　ノ ㇛ ㇛ 冖 冖 冟 冟 冝 冥 冥

작은 소리

가을 터럭으로 매듭 만들어 작은 벌레 잡아매니
모기 눈썹과 맞부딪쳐 얇은 날개 떨어졌네
작은 먼지 잘게 잘라 사물 모양 만드는데
가느다란 가시에 정교로이 새겨 원숭이 모양 만드네

거울의 표면에 분가루 동글동글 점
가벼운 안개처럼 공중에 가늘게 떨어지네
가을 하늘 앉아 바라보니 파리 한 마리
펄펄 날개짓하며 푸른 하늘로 날아오르네

大言
대언

碧海投竿釣巨鰲
벽해투간조거오

乾坤日月手中韜
건곤일월수중도

指揮天外凌雲鵠
지휘천외릉운곡

掌摑山東蓋世豪
장괵산동개세호

拶盡三千塵佛界
찰진삼천진불계

吞窮萬里怒鯨濤
탄궁만리노경도

歸來浪笑人寰窄
귀래랑소인환착

八百中州只一毛
팔백중주지일모

큰 소리

푸른 바다에 낚싯대 던져 큰 자라를 낚고

하늘과 땅, 해와 달을 손안에 감추었노라

손가락으로 하늘 밖 구름 위로 나는 따오기 거느리고

손바닥으로 산동의 세상 뒤덮던 호걸들을 움켜잡았노라

온 누리의 부처 세계에 다다라 보고

만 리의 성난 고래 같은 물결도 모두 삼켰다네

돌아와 인간 세상 좁다는 걸 헛되이 비웃으니

팔백 나라는 겨우 한 터럭인 것을

※누리 : '세상'을 예스럽게 이르는 말
※터럭 : 사람이나 길짐승의 몸에 난 길고 굵은 털

大言
큰 소리

大	大		대
큰 대	一 ナ 大		

言	言		언
말씀 언	丶 亠 三 言 言 言 言		

푸른 바다에 낚싯대 던져
큰 자라를 낚고

碧	碧		벽
푸를 벽 … 王' 玗 玞 珀 珀 珀 碧 碧 碧 碧			

海	海		해
바다 해 丶 丶 氵 氵 沪 � 海 海 海 海			

投	投		투
던질 투 一 十 扌 扒 扒 投 投			

竿	竿		간
낚싯대 간 丿 ⺮ 竺 竿			

釣	釣		조
낚을 조 丿 丨 丨 ⺈ ⺈ 牟 牟 金 釣 釣 釣			

巨	巨		거
클 거 一 丆 匚 巨 巨			

鰲	鰲		오
자라 오 … 鰲 鰲 鰲 鰲 鰲 鰲 鰲 鰲			

하늘과 땅, 해와 달을
손안에 감추었노라

乾	乾		건
하늘 건 … 卉 古 古 直 卓 卓 乾 乾			

坤	坤		곤
땅 곤 一 十 土 圤 圽 坤 坤 坤			

日	日		일
날 일 丨 冂 冃 日			

月	月		월
달 월 丿 冂 月 月			

手	手		수
손 수 一 二 三 手			

中	中		중
가운데 중 丨 冂 口 中			

韜	韜		도
감출 도 … 韜 韜 韜 韜 韜 韜 韜			

指				지
가리킬 지	...			

揮				휘
휘두를 휘	...			

天				천
하늘 천	...			

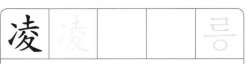

外				외
바깥 외	...			

凌				릉
업신여길 릉(능), 능가할 릉(능)				

雲				운
구름 운	...			

鵠				곡
고니 곡, 따오기 곡	...			

掌				장
손바닥 장	...			

摑				괵
칠 괵	...			

山				산
메 산	...			

東				동
동녘 동	...			

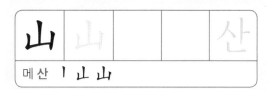

蓋				개
덮을 개	...			

世				세
인간 세, 세상 세	...			

豪				호
호걸 호	...			

拶 拶 찰

짓누를 찰 … 扌 扌 扩 护 拶 拶 拶

吞 吞 탄

삼킬 탄 ´ 一 ニ チ 天 天 吞 吞

盡 盡 진

다할 진 … 聿 聿 聿 聿 聿 聿 壽 壽 壽 盡

窮 窮 궁

다할 궁 … 宀 宀 灾 灾 穷 穷 窮 窮 窮 窮

三 三 삼

석 삼 ´ 一 三

萬 萬 만

일 만 만 一 十 十 艹 芇 芇 芇 苩 苩
萬 萬 萬 萬

千 千 천

일천 천 ´ 二 千

里 里 리

마을 리(이), 거리 단위 리(이)
丶 冂 日 日 旦 甲 里

塵 塵 진

티끌 진 … 广 广 声 声 严 庐 庐 鹿 鹿 塵 塵

怒 怒 노

성낼 노(로) 乚 夕 女 奴 奴 奴 怒 怒 怒

佛 佛 불

부처 불 丿 亻 仆 伫 佣 佛 佛

鯨 鯨 경

고래 경 … 魚 魚 魟 魠 鮌 鮠 鮗 鯨 鯨

界 界 계

지경 계 丶 冂 日 田 田 甲 界 界 界

濤 濤 도

물결 도 … 汸 洼 洼 洼 汽 涛 涛 涛 濤 濤 濤

歸				귀
돌아갈 귀 … 訇 訇 帰 帰 帰 帰 歸 歸 歸				

來				래
올 래(내) ㄱ ㄱ ㄥ ㄥ ㄥ 來 來 來				

浪				랑
물결 랑(낭) … 氵 氵 氵 浪 浪 浪 浪				

笑				소
웃음 소 ノ ヽ ヽ ヽ 竹 竹 竹 笑 笑				

人				인
사람 인 ノ 人				

寰				환
경기 고을 환 … 宀 宀 宀 宀 寰 寰 寰 寰 寰				

窄				착
좁을 착 ヽ ヽ 宀 宀 穴 空 空 窄 窄				

八				팔
여덟 팔 ノ 八				

百				백
일백 백 一 一 ㄱ ㄱ 百 百 百				

中				중
가운데 중 ヽ 口 口 中				

州				주
고을 주 ヽ ノ ノ 州 州 州				

只				지
다만 지 ヽ 口 口 只 只				

一				일
한 일 一				

毛				모
터럭 모 ノ ニ 三 毛				

큰 소리

푸른 바다에 낚싯대 던져 큰 자라를 낚고
하늘과 땅, 해와 달을 손안에 감추었노라
손가락으로 하늘 밖 구름 위로 나는 따오기 거느리고
손바닥으로 산동의 세상 뒤덮던 호걸들을 움켜잡았노라

온 누리의 부처 세계에 다다라 보고
만 리의 성난 고래 같은 물결도 모두 삼켰다네
돌아와 인간 세상 좁다는 걸 헛되이 비웃으니
팔백 나라는 겨우 한 터럭인 것을

食粥
식 죽

白	粥	如	膏	穩	朝	餐
백	죽	여	고	온	조	찬
飽	來	偃	臥	夢	邯	鄲
포	래	언	와	몽	한	단
人	間	三	萬	六	千	日
인	간	삼	만	륙	천	일
且	莫	咻	咻	多	苦	酸
차	막	휴	휴	다	고	산

죽을 먹으며

흰죽이 미끄러워 아침 먹기 좋구나

배불러 편히 누워 한단의 꿈을 꾼다

인간의 한평생 삼만 육천 나날들

아직은 떠들지 말라, 쓰고 신 일 많으리니

※한단의 꿈 : 사람의 삶과 영화의 덧없음을 이르는 말

食粥
죽을 먹으며

食	食		식

먹을 식 … 人 今 今 今 食 食 食

粥	粥		죽

죽 죽 ㄱ ㄱ 弓 … 粥 … 粥

흰죽이 미끄러워 아침 먹기 좋구나

白	白		백

흰 백 ノ ィ 白 白 白

粥	粥		죽

죽 죽 … 弓 弓 弙 弙 粥 粥 粥 粥

如	如		여

같을 여 く タ 女 女 如 如

膏	膏		고

기름 고 … 古 古 高 高 高 高 膏 膏 膏

穩	穩		온

편안할 온 … 秅 … 秅 穏 穏 穏 穏 穩 穩 穩

朝	朝		조

아침 조 … 古 占 占 卓 卓 卓 朝 朝 朝

餐	餐		찬

밥 찬, 먹을 찬 … 夕 夕 夗 奴 餐 餐 餐 餐 餐 餐

배불러 편히 누워 한단의 꿈을 꾼다

飽	飽		포

배부를 포 … 夂 … 亇 亯 亯 亯 飠 釕 釟 飩 飽

來	來		래

올 래(내) 一 一 ㄱ ㅅ ㅅ 來 來 來

偃	偃		언

나부낄 언 ノ ィ イ �ヶ イ 仴 伲 伲 偃 偃 偃

臥	臥		와

누울 와 一 丁 丆 丆 丞 臣 臤 臥

夢	夢		몽

꿈 몽 … 艹 … 苗 苗 苗 芑 夢 夢 夢

邯	邯		한

땅 이름 감, 조나라 서울 한
一 十 廿 卅 甘 甘 邯 邯 邯

鄲	鄲		단

조나라 서울 단 … 罒 單 單 單 單 鄲 鄲

93

人　人　　　인
사람 인 　ノ 人

間　間　　　간
사이 간 　…ﾉ ｒ ｒﾞ 門 門 門 門 門 間 間

三　三　　　삼
석 삼 　一 二 三

萬　萬　　　만
일만 만 …ﾖﾖ ｻﾞ ｻﾞ 苫 苫 苣 莒 莒 萬 萬 萬

六　六　　　륙
여섯 륙(육) 　丶 一 亠 六

千　千　　　천
일천 천 　ノ 二 千

日　日　　　일
날 일 　丨 冂 月 日

且　且　　　차
또 차 　丨 冂 冃 月 且

莫　莫　　　막
없을 막 　一 亠 亠 ﾞﾞ ﾞﾞ 苫 苫 苗 莒 莫 莫

咻　咻　　　휴
신음 소리 휴, 지껄일 휴
丨 丨ﾞ 口 口ﾟ 叶 叶 咻 咻 咻

咻　咻　　　휴
신음 소리 휴, 지껄일 휴 …叶 叶 咻 咻 咻

多　多　　　다
많을 다 　ノ ク ク タ 多 多

苦　苦　　　고
쓸 고 　一 亠 亠 ﾞﾞ 芐 芐 芐 苦 苦

酸　酸　　　산
실 산 　…酉 酉ﾞ 酉ﾟ 酉ﾟ 酉ﾟ 酸 酸 酸

죽을 먹으며

흰죽이 미끄러워 아침 먹기 좋구나
배불러 편히 누워 한단의 꿈을 꾼다
인간의 한평생 삼만 육천 나날들
아직은 떠들지 말라, 쓰고 신 일 많으리니

松濤
송   도

松 송	聲 성	飜 번	作 작	海 해	濤 도	喧 훤
入 입	耳 이	清 청	音 음	政 정	不 불	煩 번
澎 팽	湃 배	有 유	時 시	搖 요	我 아	夢 몽
一 일	團 단	和 화	氣 기	判 판	胚 배	渾 혼

바람에 흔들려 물결치는 소나무 소리

소나무 소리가 뒤치니 파도처럼 소란한데

귀에 드는 맑은 소리 이제는 거슬리지 않는구나

솟구쳐 때때로 나의 꿈을 흔들지만

한 무리 화목한 기운 속으로 느껴지네

※뒤치다 : 엎어진 것을 젖혀 놓거나 자빠진 것을 엎어 놓다.

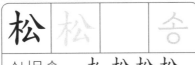
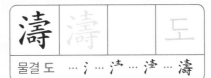

松濤

물결치는 소나무

松	松		송
소나무 송 … 术 朴 松 松

濤	濤		도
물결 도 … 氵… 泸… 濤… 濤

**소나무 소리가 뒤치니
파도처럼 소란한데**

**귀에 드는 맑은 소리
이제는 거슬리지 않는구나**

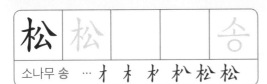

소나무 송 … 才 木 朴 松 松

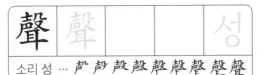

소리 성 … 殸 殸 殸 殸 殸 殸 聲 聲 聲

번역할 번, 뒤집을 번 … 翻 翻 翻 飜 飜 飜

지을 작 … 丿 亻 亻 亻 竹 作 作

바다 해 … 丶 丶 氵 汋 海 海 海 海

물결 도 … 濤 濤 濤 濤 濤 濤 濤 濤

지껄일 훤 … 咞 咞 咞 喧 喧 喧 喧

들입 丿 入

귀 이 一 厂 F F 耳 耳

맑을 청 丶 丶 氵 汁 泮 淸 淸 淸 淸 淸

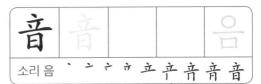

소리 음 丶 一 二 二 立 产 音 音 音

정사 정 一 丁 丁 丁 正 正 政 政 政

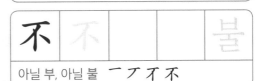

아닐 부, 아닐 불 一 ア オ 不

번거로울 번 丶 丶 丶 火 火 灯 灯 灯
炳 炳 炳 煩 煩 煩

97

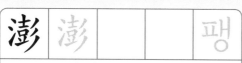

澎　澎　　　　　팽
물소리 팽 … 泸 泸 洁 洁 洁 洁 淕 澎 澎 澎

湃　湃　　　　　배
물결칠 배 … 氵 氵 氵 沪 沣 沣 洭 湃 湃 湃

有　有　　　　　유
있을 유　一 ナ 才 冇 有 有

時　時　　　　　시
때 시　丨 冂 日 日 旷 旷 旷 旷 時 時

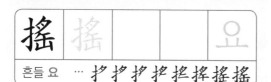

搖　搖　　　　　요
흔들 요 … 护 护 护 护 挭 捰 搖 搖

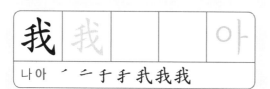

我　我　　　　　아
나 아　ノ 二 千 手 扙 我 我

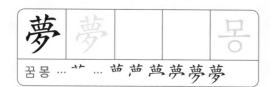

夢　夢　　　　　몽
꿈 몽 … 艹 … 苗 苗 萝 夢 夢 夢

一　一　　　　　일
한 일　一

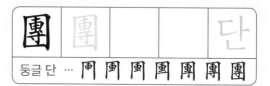

團　團　　　　　단
둥글 단 … 團 團 團 團 團 團 團

和　和　　　　　화
화할 화, 화목할 화　ノ 二 千 禾 禾 利 和 和

氣　氣　　　　　기
기운 기　ノ 仁 仁 气 气 氖 氖 氣 氣 氣

判　判　　　　　판
판단할 판　ノ ゝ 八 ソ 半 半 判 判

胚　胚　　　　　배
임신할 배　丿 刀 月 月 月 肚 肛 肛 胚 胚

渾　渾　　　　　혼
흐릴 혼, 뒤섞일 혼 … 氵 氵 沪 浔 渭 渭 渭 渾

98

※ 붓 펜으로 써 보세요.

바람에 흔들려 물결치는 소나무 소리

소나무 소리가 뒤치니 파도처럼 소란한데
귀에 드는 맑은 소리 이제는 거슬리지 않는구나
솟구쳐 때때로 나의 꿈을 흔들지만
한 무리 화목한 기운 속으로 느껴지네

醉酒
취 주

得酒無端喜欲狂
득주무단희욕광

百年人世定蹉跎
백년인세정차타

莊周初醒胡蝶夢
장주초성호접몽

元載新挑鼻準魔
원재신도비준마

花徑浪遊同蔣詡
화경랑유동장후

詩壇獨步似廉頗
시단독보사렴파

問山我是何爲者
문산아시하위자

宇宙開來知我麽
우주개래지아마

술에 취해

술 얻으니 끝없이 기뻐 미칠 것 같다

백년 인생살이 정말 나잇살만 먹었다네

장자는 나비 꿈에서 처음 깨었고

원재는 마귀 같은 악행을 새로 저질렀네

꽃길을 거닐며 논 장후와 같고

시단에서 앞서간 염파 같은데

산에게 묻노니 나는 어떤 사람일까

세상 천지가 열린 이래 나를 알아주는 이 있을까

※장주(莊周) : '장자(莊子)'의 본이름
※호접몽(胡蝶夢) : 나비에 관한 꿈이라는 뜻으로, 삶의 덧없음을 이르는 말. 중국의 장자가 꿈에 호랑나
　　비가 되어 훨훨 날아다니다가 깨서는, 자기가 꿈에 호랑나비가 되었던 것인지 호랑나비가 꿈에 장자
　　가 되었는지 모르겠다고 깨달음을 얻은 이야기에서 나옴.
※원재(元載) : 대종 때 뇌물을 받아 재산을 모음.
※염파(廉頗) : 조(趙)나라의 장군으로 전국시대를 대표하는 용장

醉酒
술에 취해

술 얻으니 끝없이 기뻐 미칠 것 같다

백년 인생살이 정말 나잇살만 먹었다네

得 / 얻을 득 / 득

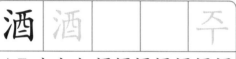

酒 / 술주 / 주

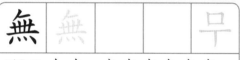

無 / 없을 무 / 무

端 / 끝 단 / 단

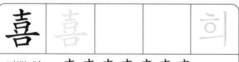

喜 / 기쁠 희 / 희

欲 / 하고자 할 욕 / 욕

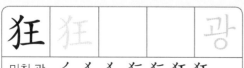

狂 / 미칠 광 / 광

百 / 일백 백 / 백

年 / 해 년(연) / 년

人 / 사람 인 / 인

世 / 인간 세, 대 세 / 세

定 / 정할 정 / 정

蹉 / 미끄러질 차 / 차

跎 / 헛디딜 타 / 타

장자는 나비 꿈에서 처음 깨었고

莊 | 莊 | | | 장
엄할 장 ー + キ キ キ キ キ キ 莊 莊

周 | 周 | | | 주
두루 주 ノ 刀 月 門 用 用 周 周

初 | 初 | | | 초
처음 초 丶 ラ ネ ネ ネ 初 初

醒 | 醒 | | | 성
깰 성 … 酉 酉 酊 酊 酊 酊 酲 醒 醒

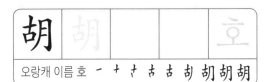

胡 | 胡 | | | 호
오랑캐 이름 호 ー + す す 古 古 胡 胡 胡

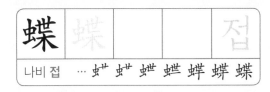

蝶 | 蝶 | | | 접
나비 접 … 虳 虵 蚞 蝀 蝶 蝶 蝶

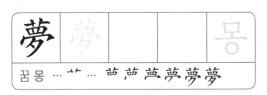

夢 | 夢 | | | 몽
꿈 몽 … 芇 … 苗 苗 苗 夢 夢 夢

원재는 마귀 같은 악행을 새로 저질렀네

元 | 元 | | | 원
으뜸 원 ー 二 テ 元

載 | 載 | | | 재
실을 재 … 吉 吉 吉 吉 車 載 載 載

新 | 新 | | | 신
새 신 … ュ テ 辛 亲 亲 亲 新 新 新

挑 | 挑 | | | 도
돋울 도 ー 十 才 扌 扑 扑 挑 挑 挑

鼻 | 鼻 | | | 비
코 비 … 自 自 鼻 鼻 鼻 畠 畠 鼻 鼻

準 | 準 | | | 준
준할 준 … 氵 氵 汁 汁 淮 淮 淮 準

魔 | 魔 | | | 마
마귀 마 … 广 … 麻 … 魔 魔 魔

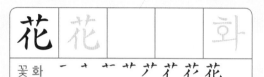

꽃 화 一 十 ナ ナ ナ ナ 花 花

지름길 경, 길 경 … 彳 彳 彳 徑 徑 徑 徑

물결 랑(낭) … 氵 氵 氵 沪 沪 浪 浪

놀 유 … 扩 扩 芳 旃 游 遊

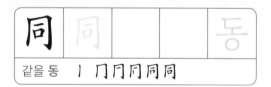

같을 동 丨 冂 冂 月 同 同

성씨 장 … 艹 … 艻 芏 莎 莎 莎 葮 蔣 蔣

자랑할 후 … 言 訂 訂 詡 詡 詡

시 시 … 言 言 言 言 計 計 計 詩 詩

단 단 … 圹 … 坤 坍 坍 坍 墰 壇

홀로 독 … 犵 犵 猧 猧 獨 獨 獨

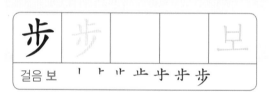

걸음 보 丨 卜 止 止 少 步 步

닮을 사 丿 亻 亻 亻 似 似 似

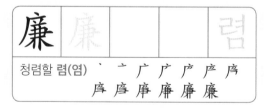

청렴할 렴(염) 丶 一 广 广 广 产 序 庠 彦 庫 庸 廉 廉

자못 파 … 皮 皮 颇 颇 頗 頗 頗 頗

問 問 문
물을 문 丨丨丬丬丬丬門門門門問問

宇 宇 우
집 우, 천지 사방 우 丶丶宀宀宀宇

山 山 산
메 산 丨山山

宙 宙 주
집 주 丶丶宀宀宀宀宙宙

我 我 아
나 아 丿一千手我我我

開 開 개
열 개 丨丨丬丬丬丬門門門門開開

是 是 시
이 시, 옳을 시 丨日旦무무무是

來 來 래
올 래(내) 一丆丆夕夕夾來來

何 何 하
어찌 하 丿亻亻何何何何

知 知 지
알 지 丿丿丿矢矢知知知

爲 爲 위
할 위 丶丶丶丷丷庐户户爲爲爲爲

我 我 아
나 아 丿一千手我我我

者 者 자
놈 자 一十土耂耂者者者

麽 麽 마
작을 마 广广府府府府府麻麻麽麽

105

술 에 취 해

술 얻으니 끝없이 기뻐 미칠 것 같다
백년 인생살이 정말 나잇살만 먹었다네
장자는 나비 꿈에서 처음 깨었고
원재는 마귀 같은 악행을 새로 저질렀네

꽃길을 거닐며 논 장후와 같고
시단에서 앞서간 염파 같은데
산에게 묻노니 나는 어떤 사람일까
세상 천지가 열린 이래 나를 알아주는 이 있을까

春夢
춘 몽

夢似落花花似夢
몽 사 락 화 화 사 몽

人何胡蝶蝶何人
인 하 호 접 접 하 인

蝶花人夢同心事
접 화 인 몽 동 심 사

往訴東君留一春
왕 소 동 군 류 일 춘

봄꿈

꿈은 떨어진 꽃 같고 꽃은 꿈 같은데

사람은 어찌 나비 되고 나비는 어찌 사람 되나

나비 꽃 사람 꿈이 다 같이 마음의 일이니

봄의 신에게 가 하소연해 한 봄을 붙잡을까

한용운(萬海 韓龍雲, 1879.8.29. ~ 1944.6.29.) : 본관은 청주. 호는 만해(萬海)이다. 일제 강점기의 독립운동가이며 시인·승려였다. 3·1 만세 운동 당시 민족대표 33인의 한 사람이며, 그 당시 최대의 저항시인으로 평가받고 있다. 1926년 첫 시집 「님의 침묵」을 발간했고, 시조와 한시를 포함하여 총 300여 편의 작품을 남겼다.

春夢
봄꿈

春	春		춘

봄춘 … 夫 未 春 春 春

夢	夢		몽

꿈몽 … 艹 … 苗 苩 芆 莮 夢 夢

꿈은 떨어진 꽃 같고 꽃은 꿈 같은데

夢	夢		몽

꿈몽 … 艹 荜 芇 荶 苗 苩 芆 莮 夢 夢

似	似		사

닮을 사 丿 亻 亻 化 仏 似 似

落	落		락

떨어질 락(낙) … 艹 艻 莎 茨 落 落 落

花	花		화

꽃화 一 十 十 艹 艻 茫 花 花

花	花		화

꽃화 一 十 十 艹 艻 茫 花 花

似	似		사

닮을 사 丿 亻 亻 化 仏 似 似

夢	夢		몽

꿈몽 … 艹 … 苗 苩 芆 莮 夢 夢

사람은 어찌 나비 되고 나비는 어찌 사람 되나

人	人		인

사람인 丿 人

何	何		하

어찌하 丿 亻 亻 仁 仃 何 何

胡	胡		호

오랑캐 이름호 一 十 十 古 古 刮 胡 胡 胡

蝶	蝶		접

나비접 丶 ㅁ ㅁ 虫 虫 虫 虫 虭 虯
虯 蚔 蝆 蝶 蝶 蝶

蝶	蝶		접

나비접 … 虻 虸 蚸 蝶 蝶 蝶 蝶

何	何		하

어찌하 丿 亻 亻 仁 仃 何 何

人	人		인

사람인 丿 人

蝶　蝶　　　접
나비 접 … 虫 … 蜨 蝶 蝶 蝶 蝶

往　往　　　왕
갈 왕 ノ ク イ 彳 彳 行 往 往

花　花　　　화
꽃 화 一 十 卄 艹 艿 花 花 花

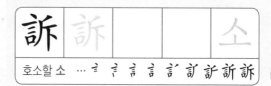

訴　訴　　　소
호소할 소 … 亠 言 言 言 訂 訴 訴 訴 訴

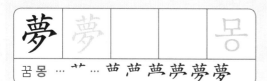

人　人　　　인
사람 인 ノ 人

東　東　　　동
동녘 동 一 ↑ 冂 冃 百 申 東 東

夢　夢　　　몽
꿈 몽 … 艹 … 苗 苗 苗 夢 夢 夢

君　君　　　군
임금 군 フ ヲ ヨ 尹 尹 君 君

同　同　　　동
같을 동 丨 冂 冂 同 同 同

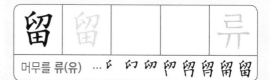

留　留　　　류
머무를 류(유) … ↑ 印 卯 郘 留 留 留

心　心　　　심
마음 심 丶 心 心 心

一　一　　　일
한 일 一

事　事　　　사
일 사 一 ↑ 〒 曰 写 写 事

春　春　　　춘
봄 춘 一 二 三 夫 夫 夫 春 春 春

110

※ 붓 펜으로 써 보세요.

봄 꿈

꿈은 떨어진 꽃 같고 꽃은 꿈 같은데
사람은 어찌 나비 되고 나비는 어찌 사람 되나
나비 꽃 사람 꿈이 다 같이 마음의 일이니
봄의 신에게 가 하소연해 한 봄을 붙잡을까

獨夜
독 야

去琴外心 霰寒古還
거금외심 산한고환

月松門水 如女萬僧
월송문수 여녀만승

明聽洞萬 月江皆定
명청동만 월강개정

塵夜出山 露聲山發
진야출산 로성산발

無長不千 垂砧靑初
무장불천 수침청초

末枕念有 林水岸花
말침념유 림수안화

天孤一惟 玉隔兩梅
천고일유 옥격양매

홀로 지내는 밤

하늘 끝 티끌 없고 밝은 달 가는데

외로운 잠자리 긴긴밤에 솔바람 소리 들린다.

한 생각도 동문 밖을 나가지 못하고

오로지 온갖 산수와 더불어 사는 마음이네.

숲에 내린 이슬은 달빛 싸락눈 같은데

물 건너 다듬이질 소리 강가 여인의 마음은 차갑겠지.

두 언덕과 푸른 산은 모두 옛날 같아

매화꽃 필 때면 꼭 돌아오리라.

獨夜
홀로 지내는 밤

獨	獨		독
홀로 독 … 罒 … 獨獨獨獨獨			

夜	夜		야
밤 야 丶 亠 广 亻 疒 夜 夜 夜			

하늘 끝 티끌 없고
밝은 달 가는데

天	天			천
하늘 천 一 二 チ 天				
末	末			말
끝 말 一 = 丰 末 末				
無	無			무
없을 무 ノ 𠂉 … 無 無 無 無 無 無				
塵	塵			진
티끌 진 … 声 声 声 声 鹿 塵 塵 塵				
明	明			명
밝을 명 丨 冂 月 日 旫 明 明 明				
月	月			월
달 월 ノ 刀 月 月				
去	去			거
갈 거 一 十 土 去 去				

외로운 잠자리 긴긴밤에
솔바람 소리 들린다.

孤	孤			고
외로울 고 ㇇ 了 子 孑 孓 孤 孤 孤				
枕	枕			침
베개 침 一 十 才 木 木 朩 枕 枕				
長	長			장
길 장, 어른 장 丨 ㄏ F F 툰 툰 長 長				
夜	夜			야
밤 야 丶 亠 广 亻 疒 夜 夜 夜				
聽	聽			청
들을 청 … 耳 耳 耳 … 聽 聽 聽 聽 聽				
松	松			송
소나무 송 一 十 才 木 木 朩 松 松				
琴	琴			금
거문고 금 … 王 … 珏 珏 珡 琴 琴				

一				일

한일 一

惟	惟			유

생각할 유 … 忄 忄 忄 忄 忄 惟 惟

念	念			념

생각 념(염) ノ 人 人 今 今 念 念 念

有	有			유

있을 유 一 ナ オ 有 有 有

不	不			불

아닐 부, 아닐 불 一 フ オ 不

千	千			천

일천 천 ノ 二 千

出	出			출

날 출 丨 屮 屮 出 出

山	山			산

메 산 丨 山 山

洞	洞			동

골 동 … 氵 氵 洞 洞 洞 洞 洞

萬	萬			만

일만 만 … 艹 艹 芇 芇 茍 莴 莴 萬 萬 萬

門	門			문

문 문 丨 冂 冂 冂 冃 門 門 門

水	水			수

물 수 丨 기 水 水

外	外			외

바깥 외 ノ ク タ 列 外

心	心			심

마음 심 丶 心 心 心

玉	玉			옥
구슬 옥 一 一 于 王 玉

林	林			림
수풀 림(임) 一 十 オ 才 木 朴 杮 林

垂	垂			수
드리울 수 一 一 二 千 千 垂 垂 垂

露	露			로
이슬 로(노) … 霏 霏 雩 霉 霉 露 露

月	月			월
달 월 ノ 刀 月 月

如	如			여
같을 여 く 夕 女 如 如 如

霰	霰			산
싸라기눈 산 … 雩 … 霄 霄 霄 霰 霰

隔	隔			격
사이 뜰 격 … 阿 阿 隔 隔 隔 隔 隔

水	水			수
물 수 ） 기 水 水

砧	砧			침
다듬잇돌 침 … 石 厈 砧 砧 砧 砧

聲	聲			성
소리 성 … 声 声 殸 殸 殸 殸 聲 聲 聲

江	江			강
강 강 ` ` 氵 氵 江 江

女	女			녀
여자 녀(여) く 夕 女

寒	寒			한
찰 한 … 宀 宀 宀 审 审 宲 寒 寒 寒

兩				양

두 량(양) 一 丆 丙 雨 雨 雨 兩 兩

岸				안

언덕 안 ' 山 山 屵 屵 岸 岸 岸

青				청

푸를 청 一 二 丰 主 丰 青 青 青

山				산

메 산 丨 山 山

皆				개

다 개 一 卜 比 比 比 皆 皆 皆

萬				만

일만 만 … 艹 艻 艻 苜 莒 莒 萬 萬 萬

古				고

옛 고 一 十 十 古 古

梅				매

매화 매 一 十 才 木 朽 朽 杭 梅 梅 梅 梅

花				화

꽃 화 一 十 十 芬 芬 花 花

初				초

처음 초 ' 亣 亣 衤 衤 初 初

發				발

필 발 … 癶 癶 癶 鸷 鸷 發 發 發

定				정

정할 정 ' 宀 宀 宁 宁 定 定

僧				승

중 승 … 僋 僋 僋 僧 僧 僧 僧 僧

還				환

돌아올 환 … 睘 睘 睘 睘 睘 睘 還 還

홀로 지내는 밤

하늘 끝 티끌 없고 밝은 달 가는데
외로운 잠자리 긴긴밤에 솔바람 소리 들린다.
한 생각도 동문 밖을 나가지 못하고
오로지 온갖 산수와 더불어 사는 마음이네.

숲에 내린 이슬은 달빛 싸락눈 같은데
물 건너 다듬이질 소리 강가 여인의 마음은 차갑겠지.
두 언덕과 푸른 산은 모두 옛날 같아
매화꽃 필 때면 꼭 돌아오리라.

漁笛
어 적

秋流樹鷗 (추류수구)
竹花紅白 (죽화홍백)
一荻隔問 (일적격문)
烟逐照音 (연축조음)
風暗落知 (풍암락지)
帆聲江世 (범성강세)
孤數晚半 (고수만반)

夢愁冷收 (몽수랭수)
世腸人不 (세장인불)
遯斷撲散 (둔단박산)
堪負呂蕭 (감부려소)
何虛律蕭 (하허율소)
絕終掩地 (절종엄지)
韻曲飄滿 (운곡표만)

어부가 부는 피리

외로운 돛배 하나 안개 낀 가을

은근한 소리 갈대꽃 따라 흐르네

단풍 너머 저녁 강물엔 해 기우는데

내 반평생 노래 갈매기는 알리

가락 기막히니 둔세의 꿈 어찌 견디랴

노래 끝나도 애끊는 시름 달래지 못하네

바람 인 듯 날리는 그 가락 내 가슴 서늘케 치니

온 땅에 가득한 쓸쓸함 거둘 길 없네

漁笛

어부가 부는 **피리**

漁	漁		어
고기 잡을 어 … 漁漁漁漁漁			

笛	笛		적
피리 적 … 竹 竺 竺 笃 笛 笛			

외로운 돛배 하나 안개 낀 가을

孤	孤		고
외로울 고 　了 孑 孑 孑 孤 孤 孤			

帆	帆		범
돛 범 丨 冂 巾 帄 帆 帆			

風	風		풍
바람 풍 … 凡 凡 凤 凤 風 風 風			

烟	烟		연
연기 연 … 火 灯 灯 炯 炯 炯 烟			

一	一		일
한 일 一			

竹	竹		죽
대 죽 丿 𠂉 𠂉 竹 竹 竹			

秋	秋		추
가을 추 　二 千 手 禾 禾 秒 秋 秋			

은근한 소리 갈대꽃 따라 흐르네

數	數		수
셈 수 … 串 婁 婁 婁 數 數 數 數			

聲	聲		성
소리 성 … 声 殸 殸 殸 殸 殸 聲 聲 聲			

暗	暗		암
어두울 암 … 旷 旷 旷 旷 暗 暗 暗 暗			

逐	逐		축
쫓을 축 　丁 丁 豕 豕 豕 豕 逐 逐			

荻	荻		적
물억새 적 … 艹 荻 荻 荻 荻 荻 荻 荻			

花	花		화
꽃 화 　十 艹 艹 艹 花 花 花			

流	流		류
흐를 류(유) … 氵 氵 氵 泮 泮 泮 流 流			

晩 | | | | 만
늦을 만 … 日 日′ 日⺁ 日⺁ 昉 昡 昢 晩

半 | | | | 반
반 반 ′ ′′ ″ ′′ 半

江 | | | | 강
강 강 ` `` ′氵 ′氵 江 江

世 | | | | 세
인간 세, 세상 세 一 十 卅 廿 世

落 | | | | 낙
떨어질 락(낙) … 艹 艹 莎 莎 落 落 落

知 | | | | 지
알 지 ′ ⼂ ′ 仁 矢 知 知 知

照 | | | | 조
비칠 조 … 日 日′ 日勹 日勹 昭 昭 照 照 照 照

音 | | | | 음
소리 음 ` 二 二 产 立 产 音 音 音

隔 | | | | 격
사이 뜰 격 … 阝 … 阝 阝 隔 隔 隔 隔 隔

問 | | | | 문
물을 문 丨 丨′ 刀 円 門 門 門 門 問 問

紅 | | | | 홍
붉을 홍 ′ ⼂ 纟 纟 纟 纟 糹 紅 紅

白 | | | | 백
흰 백, 아뢸 백 ′ ′ 白 白 白

樹 | | | | 수
나무 수 … 桔 桔 桔 桔 桔 樹 樹

鷗 | | | | 구
갈매기 구 … 鷗 鷗 鷗 鷗 鷗 鷗 鷗

韻 韻 　 　 운
운운 … 韻 韻 韻 韻 韻 韻 韻

絕 絕 　 　 절
끊을 절, 뛰어날 절 … 糹 糹 糹 絕 絕 絕 絕

何 何 　 　 하
어찌 하 ノ ノ 亻 亻 何 何 何

堪 堪 　 　 감
견딜 감 … 圠 圠 圠 堪 堪 堪 堪

遯 遯 　 　 둔
달아날 둔 … 豚 豚 豚 豚 遯 遯

世 世 　 　 세
인간 세 一 十 卋 世 世

夢 夢 　 　 몽
꿈 몽 … 艹 … 苩 苩 萝 夢 夢 夢

曲 曲 　 　 곡
굽을 곡, 노래 곡 丶 冂 冂 由 曲 曲

終 終 　 　 종
마칠 종 … 糹 糹 糹 糹 糹 終 終 終 終

虛 虛 　 　 허
빌 허 … 虍 虍 虛 虛 虛 虛 虛

負 負 　 　 부
질 부 ノ ク 亇 甶 甶 負 負 負

斷 斷 　 　 단
끊을 단 … 斷 斷 斷 斷 斷 斷 斷 斷 斷

腸 腸 　 　 장
창자 장 … 月 … 胆 胆 腭 腸 腸 腸

愁 愁 　 　 수
근심 수 … 禾 禾 秋 秋 秋 秋 愁 愁 愁

飄 | 飄 | | | 표
나부낄표 … 飄飄飄飄飄飄飄飄

掩 | 掩 | | | 엄
가릴엄 … 扌 扩 护 扲 扲 揜 揜 揞 掩

律 | 律 | | | 율
법칙 률(율), 가락 률(율)
丿 彡 彳 彳 行 行 律 律 律

呂 | 呂 | | | 려
법칙 려(여) 丶 丨 口 口 尸 尸 呂 呂

撲 | 撲 | | | 박
칠박 … 扌 扌 扑 扑 掛 撲 撲 撲

人 | 人 | | | 인
사람 인 丿 人

冷 | 冷 | | | 랭
찰 랭(냉) 丶 丶 冫 冫 冷 冷 冷

滿 | 滿 | | | 만
찰만 … 氵 氵 氵 浐 滿 滿 滿 滿 滿

地 | 地 | | | 지
땅지 一 十 土 圵 地 地

蕭 | 蕭 | | | 소
쓸쓸할소 … 艹 艹 艹 艹 芦 芦 芦 荇
蕭 蕭 蕭 蕭 蕭

蕭 | 蕭 | | | 소
쓸쓸할소 … 芦 芦 芦 芦 荇 荇 荇 蕭 蕭

散 | 散 | | | 산
흩을산 … 艹 艹 艹 芌 芌 背 背 散 散

不 | 不 | | | 불
아닐부, 아닐불 一 丆 才 不

收 | 收 | | | 수
거둘수 丨 丩 丩 收 收 收

125

어부가 부는 피리

외로운 돛배 하나 안개 낀 가을
은근한 소리 갈대꽃 따라 흐르네
단풍 너머 저녁 강물엔 해 기우는데
내 반평생 노래 갈매기는 알리

※ 붓 펜으로 써 보세요.

가락 기막히니 둔세의 꿈 어찌 견디랴
노래 끝나도 애끊는 시름 달래지 못하네
바람 인 듯 날리는 그 가락 내 가슴 서늘케 치니
온 땅에 가득한 쓸쓸함 거둘 길 없네

한자를 알면 어휘가 보인다

사자성어 | 기초한자 | 천자문 | 명심보감

한자 쓰기 연습 노트 (큰그림 편집부 지음)

사자성어 200

7,000원
148쪽

기초한자 700

7,000원
136쪽

천자문

7,000원
128쪽

명심보감

7,000원
136쪽